旅と歴史好きのための

ご当地グルメ誕生の秘密

宇田川 勝司
Udagawa Katsushi

ベレ出版

はじめに

南北に細長く四囲を海に囲まれた日本は、地域によって気候や地勢などの風土が大きく異なり、各地に様々な食文化が根付いている。人々は古くから農作物や畜産物、水産物などその土地ならではの食材を、美味しく食べるために調理に工夫を凝らして、各地に多彩な食文化を育んできた。このような日本の食文化は、２０１３年、「和食　日本人の伝統的な食文化」としてユネスコ無形文化遺産に登録され、今、海外でも注目度が高まっている。観光庁の報告によると、海外からの旅行者が訪日に際してもっとも期待するのは日本の料理を食べることだそうだ。ただ、外国人旅行者には、寿司や天ぷらなど定番の和食はもちろんだが、本来は和食ではないラーメンやカレーライス、とんかつなども人気である。

日本の食文化は、伝統的な和食だけではなく、ラーメンなど海外をルーツとする料理や食べ物が日本で独自に進化し、発展したものが多いことも特徴だ。さらに、近年は地域おこしの手立てとして、和洋を問わずＢ級グルメなどと呼ばれる新しい食べ物も全国各地に次々と誕生している。

日本では高度経済成長を成し遂げた１９７０年頃から、「飽食の時代」や「1億総グルメ」などの言葉がメディアで使われるようになり、日本人の食の嗜好が多様化するようになった。技術革新や新たなサービスの提供によって人々のライフスタイルが大きく変化し、私たちは、全国各地の伝統的な料理、おでんやラーメンなどの庶民的な料理、さらに和菓子や洋風のスウィーツなど多種多様な食べ物をいつでも手軽に食べることができるようになった。それらには地域色豊かなものが多いのも日本の食文化の特徴であり、「ご当地グルメ」と呼ばれている。

それでは、それら全国各地の多彩なご当地グルメはいつどのように誕生したのだろうか。そこにはその土地の風土や歴史、文化、人々の暮らしなど様々な背景があり、必ず物語があるはずだ。本書は、旅好きの地理教師である私なりのそんな興味を視点として、各地の気になるご当地グルメと呼ばれる料理や食べ物が、どのように生まれ、地域に根付いたのかを調べたものである。皆さんも本書に紹介したようなご当地グルメを食する機会が多いと思うが、そんな時、それらの誕生の物語にも思いをめぐらせ、その土地の人々のぬくもりを感じながら味わっていただくことができたなら筆者として嬉しい限りである。

なお、本書の執筆に当たり、貴重な情報や資料を快くご提供下さった企業や団体の方々に感謝申し上げます。

２０２５年３月　宇田川勝司

第3章　全国各地の人気B級グルメ

第4章　全国各地で売れ筋の定番グルメ

第5章　全国各地の特産・名産・名物の一品グルメ

第1章 全国各地の伝統の郷土料理

郷土料理とは、地域特有の産物を活かし、その土地の歴史や文化、気候風土など地域の特性との関わりの中で生まれ、長く受け継がれてきた地域固有の料理である。その中にはルーツをたどれば１０００年以上も遡るものもあれば、近年、新たな伝統を作りつつあるものもある。

1 ジンギスカン

モンゴルの人は食べません!?

北海道

今こそ食べたい「北海道」ご当地グルメは？
第1位：**ジンギスカン**（736票）
第2位：カニ（635票）
第3位：札幌ラーメン（554票）
第4位：ウニ（452票）
第5位：夕張メロン（423票）

2023年、株式会社CMサイトが実施したアンケート調査「今こそ食べたい北海道のご当地グルメ」第1位に選ばれたのは**ジンギスカン**だ。ジンギスカンは、中央部分が盛り上がった鍋で羊肉と野菜を一緒に焼いて味わう北海道を代表する郷土料理である。北海道ではジンギスカン鍋が一家に一台あるといわれるほど、ジンギスカンは道民のソウルフードであり、家庭料理としてはもちろん、春のお花見や夏のキャンプなどアウトドアでも定番だ。道民はいつでもどこでも手軽にジンギスカンを楽しんでいる。

ジンギスカンという呼び名は、もちろんあのモンゴルの英雄ジンギスカンに由来する。しかし、**モンゴルにはジンギスカンと呼ばれる料理はない。**そもそも日本のように鉄板や網で肉を焼いて食べる習慣がないのだ。ジンギスカン料理の語源として、ジンギスカンが活躍していた時代、モンゴル軍の兵士たちが陣中食として羊肉を鉄兜にのせて焼き、食べていたことに由来するという説がある。しかし、これは事実ではない。

モンゴルでは、古くから羊の遊牧が盛んであり、この国の人々が羊肉をよく食べるのは確かである。モンゴルでは羊肉はほぼ主食であり、羊を頭から脚まで食べ尽くす。ただ、彼らの伝統的な羊肉の調理法は、骨付きのブロック肉を柔らかくなるまで塩で煮込むチャンサンマハという料理である。ジャガイモなど様々な具材を入れて一緒に煮込むことはあるが、ジンギスカンのように肉を焼く調理法はモンゴルにはない。

ジンギスカンの起源はモンゴル料理ではなく、烤羊肉（カオヤンロウ）という北京の伝統料理と考えられる。烤羊肉はタレに漬けた羊肉のスライスを、タマネギなどの野菜と一緒に焼く。これを日本人の好みに合うようにアレンジした焼き肉料理を、羊肉といえばモンゴルのイメージであるところから「ジンギスカン」と呼んだらしい。誰が名付けたのかは諸説あって確かなことはわからないが、すでに昭和の初めには札幌でジンギスカンと呼ぶ焼き肉料理を食べさせる飲食店があったそうだ。

当時、滝川や札幌など道内各地には種羊場が開設されていた。軍の防寒服や毛布の原料となる羊毛を増産するために、政府は国策としての羊の飼育を奨励していたのである。戦前の日本人は羊肉をほとんど食べなかったが、その際、羊肉の有効利用として試行錯誤を繰り返し、考案された焼き肉料理がジンギスカンの始まりとされている。

そして、戦後の昭和20年代、他の肉類に比べ、安く手軽に入手できた羊肉を使ったジンギスカンを提供する飲食店が道内に増え始める。昭和30年頃には、写真のような今では見慣れたジンギスカン鍋が普及し、ジンギスカン用のたれが販売されるようになると、**ジンギスカンは次第に北海道を代表する郷土料理として定着する**。

ジンギスカン鍋

なお、東京にはモンゴル出身の歴代横綱である白鵬、日馬富士、鶴竜、照ノ富士の手形を飾っているジンギスカン料理店があるそうだ。ただし、彼らもジンギスカンは日本へ来てから初めて食べたらしい。しかし、同じモンゴル出身の横綱である朝青龍は、知人からジンギスカンに誘われると「なんでジンギスカンが食い物の名前なんだ。不愉快だ」と機嫌を損ねたという。モンゴル人にとってジンギスカンは、最大の尊敬を集める英雄であり、神聖な存在である。外国人がその英雄の名を料理の名に使っていることに、違和感や不快感を覚えるモンゴル人がいることを日本人は知っておかねばならない。

2 きりたんぽ鍋

「きりたんぽ」ってどういう意味？

きりたんぽとはご飯をすりつぶし、杉の串にちくわのように巻き付けて焼いたものである。これを適当な大きさに切って、鶏肉やキノコ、ゴボウや長ネギなどの野菜と一緒に鍋に仕立てたものが**きりたんぽ鍋**である。

きりたんぽというちょっと変わった名の由来だが、**漢字で書くならば「切り短穂」**だ。短穂とは川や池の水辺に自生する多年草のガマの円柱状の穂（次頁の写真）のことであり、これに似ていることから当初は単に**たんぽ**と呼ばれていた。ただ、鍋に入れる際、その

多年草のガマ

きりたんぽ

ままでは大きすぎるので、食べやすくために適当な大きさに切るので、それを「きりたんぽ」と呼ぶようになった。

たんぽの語源として、槍の稽古用の「たんぽ槍」に形が似ていることから名付けられたという説もあるが、たんぽ槍の「たんぽ」もその語源はガマの短穂であろう。

きりたんぽの発祥地は、秋田県北東部の鹿角《かづの》地方と考えられている。江戸時代の中頃、炭焼きや秋田杉の伐採のため山籠りした人たちが、冷えてしまったおにぎりを杉の串に巻き付けて焚き木で温め、山椒味噌やクルミ味噌などをつけて食べ、これをたんぽ焼きと呼んでいた。**たんぽは山仕事をする男たちの常備食**だったが、男たちは村に帰ると、家の囲炉裏にかけた鍋にたんぽを入れて食べるようになり、やがて**たんぽは鍋料理に入れる具材として一般家庭に普及**していった。

明治時代に入ると、秋田県では金や銅の鉱山開発が活発になり、その中心地であった大館《おおだて》や多くの人が集まる県都の秋田には、きりたんぽ鍋を提供する料理屋が増え、きりたんぽは次第に秋田の名物として知られるようになった。

きりたんぽが本格的に知名度を高めるのは戦後である。１９６１年、秋田で国民体育大会（現在は国民スポーツ大会）が開催された際、秋田の料亭組合では県外からやってきた国体の関係者や報道関係者に積極的にきりたんぽ鍋を提供することを申し合わせ、それらの人々によってきりたんぽの名が広く全国に知れ渡るようになった。また、それまでは「たんぽ鍋」や「名物きりたんぽ」など様々な呼び方がされていたが、この頃から「郷土料理きりたんぽ鍋」という名称が定着する。

なお、きりたんぽ鍋の具材として外せないのは鶏肉だが、とりわけ老舗料理店では秋田特産の比《ひ》内《ない》地鶏が使われることが多い。比内地鶏は秋田県の北部の比内地方で古くから飼われていた比内鶏とアメリカ原産のロード種をかけ合わせた食用種で、薩摩地鶏や名古屋コーチンと並び、日本三大美味鶏の一つとして知られている。鍋に入れたときに、細やかな脂肪が浮き、独特の風味と香味があり、きりたんぽ鍋には最適の食材である。

比内地鶏の生産が始まったのは１９７０年代だ。その頃には食品の宅配サービスを行なう企業が現れ、90年代末にはネットショップが登場し、流通や物流の効率化が進んだことにより、今では、全国の人々がきりたんぽをいっそう身近に感じられるようになった。

比内地鶏

3万食を作る巨大鍋（© 山形県）

3 芋煮《いもに》

6mの巨大鍋で3万食を振る舞う芋煮会

毎年9月、山形市の馬《ま》見《み》ケ《が》崎《さき》川河川敷では、山形の食文化「芋煮」を全国に発信する一大イベント「日本一の芋煮会フェスティバル」が開催される。直径が6mを超える大鍋と重機で、3・2トンの里芋、1・2トンの山形牛などの多彩な食材に700リットルの醤油を使って3万食分の芋煮を一気に調理する光景は圧巻であり、その配食数は世界記録としてギネスに認定されている。

芋煮のルーツについては、芋名月と呼ばれる旧暦8

月の十五夜に里芋を食べる古くからの風習から生まれたという説がある。

屋外で鍋を囲む**芋煮会**は江戸時代の初めに、現在の山形県東村山郡中山町長崎地区で始まったと伝えられている。長崎には最上《もがみ》川舟運の川港があり、上方から北前船で運ばれてきた塩や干し魚などが河口の酒田から最上川を遡って長崎まで運ばれ、そこで取り引きが行なわれていた。しかし、長崎に到着しても、当時は通信手段が不十分だったため、舟の船頭たちは交渉相手の荷受人が現れるまで何日も待たされることがあり、**退屈しのぎに河原で鍋を囲んで宴を開いていたのが芋煮会の始まり**とされている。長崎の近くには里芋の産地があり、そこで里芋を買い求め、舟に積んできた棒だらなどの干物と一緒に煮て、飲み食いしながら待ち時間を過ごしたのだ。

江戸から明治に入る頃には、今の山形県内のほぼ全域で、収穫祭や地域交流の場として芋煮会が行なわれるようになった。今では、家族や友人、職場仲間と野外に集まって楽しんだり、運動会や地域行事などと合わせて開催されたり、**芋煮会は山形県民にとって欠かすことのできない秋の行事**である。芋煮会のシーズンには、ショッピングセンターでは芋煮に使う食材が販売され、鍋や薪にゴザを揃えた芋煮会セットがレンタルされる。

なお、秋田県や岩手県にも、**いものこ汁**という里芋を使った伝統の鍋料理がある。また、同じ山形県内でも、山形市など内陸部では牛肉を使った醤油味の芋煮が主流だが、日本海側の庄内地方では豚肉を用いた味噌仕立ての芋煮があり、県南部の置賜《おきたま》地方は、味噌味だが、木綿豆腐を入れる。山形県民のソウルフードの芋煮にも各地域それぞれの味がある。

4 江戸前握り寿司

せっかちな江戸っ子のために誕生したファストフード

あるテレビ局が番組の中で、「日本人の一番好きな食べ物は何か」という特集をしていたが、3万件の回答のうち寿司がダントツの1位だった。海外でも寿司は人気の和食である。

しかし、一口に寿司と言っても、寿司ほど多彩な食べ物は他にはないだろう。寿司には、**握り寿司**、**巻き寿司**、**いなり寿司**、**押し寿司**、**ちらし寿司**、**手巻き寿司**、**軍艦**など様々な種類があり、それらはまず外観、つまり見た目がまったく異なっており、作り方や材料も多様である。これらの寿司を定義づけると、**酢飯に魚介**

類などのネタを添えた食べ物ということになるだろう。

しかし、後述（P39）の鮒《ふな》ずしのように、昔は寿司といえば魚などを発酵させた保存食であり、「すし」の語源も「酸っぱい」を意味する古語の「酸《す》し」である。米飯は発酵を媒介するもので、食べるものではなかった。室町時代になると、発酵時間を短くして米飯も食べる今の押し寿司の原型となる「なまなれ」が出現するが、発酵させずに酢飯を使った右ページに挙げたような**寿司が登場するのは、酢が調味料として一般に広まった江戸時代以降**のことだ。

様々な寿司の中でも、寿司と聞いて多くの人がまず思い浮かべるのが、**握り寿司**ではないだろうか。握り寿司の起源は、江戸時代も終わりに近い1820年代の文政年間で、その歴史は意外と浅い。当時の江戸は人口100万を超える世界最大級の大都市だったが、その多くは武士や町人であり、人口の男女比はほぼ5対3で、圧倒的に男が多かった。今も同じだが、男たちはあまり自炊をせず、外食が多くなる。そんな江戸で男たちが**手っ取り早く手軽に食べられるよう、屋台で米飯に具材（ネタ）をのせて軽く握り、その場で提供したのが握り寿司の始まり**とされている。

江戸で生まれたこの握り寿司は**江戸前寿司**とも呼ばれる。江戸前とは江戸の前、すなわち江戸湾（東京湾）のことで、アナゴ・シラウオ・コハダ・小ダイ・クルマエビなど東京湾で獲れた魚介類がおもに寿司ネタにされた。ただ、冷蔵保存の技術がなかった当時は、それらをナマのまま使うことはなく、煮たり、蒸したり、酢洗いや昆布締めなどの下処理を施して使っていた。今では「寿司の王様」と呼ばれる高級ネタのマグロは、当時の江戸湾でも多く獲れたが、脂分が多いマグロの赤身は傷みやすく、下魚《げざかな》として扱われていた。大トロが畑の肥料にされていたというのだから実にもったいない。

今のように刺身つまり**生鮮魚介をそのままネタにするようになったのは、製氷技術が発達してネタを氷で冷やして保存できるようになった明治の終わり頃**である。大正に入ると寿司店は冷蔵庫を備えるようになり、漁法や流通の発展と相まってネタの種類も増え、今のスタイルの握り寿司がほぼ確立する。

そして、今や全国どこでも握り寿司が食べられるようになり、回転寿司の広まりなどもあって握り寿司の人気は高く、国内はもちろん海外においても、寿司といえば握り寿司を指すようになった。ただ、

大トロ

元来は江戸前、つまり東京湾で獲れる魚をネタにしていた江戸前の握り寿司だが、今では人気No.1のマグロは地中海や大西洋、サーモンはチリやノルウェー、エビはタイやベトナム、穴子は中国と、外国産のネタが増え、ワサビですら中国産だ。確実に国産に間違いないといえるのは米とお茶くらいというのは、寿司好きは複雑な気持だ。

なお、「すし」には〝鮓〟や〝鮨〟という漢字も使われ、正倉院に残る8世紀頃の史料にもこの漢字を見ることができる。今ではよく使われる「寿司」という漢字は、江戸時代に作られた当て字で、縁起をかついで「寿を司る」の文字が当てられたという。

（農林水産省「うちの郷土料理」）

5 太巻き寿司

ドラえもんやピカチュウが寿司になった

巻き寿司の起源は江戸中期の1700年代と考えられている。当初はワカメ、昆布、薄焼き卵、高菜などで巻くことが多かったが、その頃、浅草で板海苔《のり》を作る技法が考案され、江戸では板海苔で巻いた寿司が広まった。

千葉県南部の房総地方でも、江戸末期には巻き寿司が作られていた。紀州から鰯《いわし》漁にやってきた漁師が持参した「めはりずし」をルーツとする説があるが、詳細は不明だ。ただ、**明治から大正の頃には、祭りや節句、婚礼などハレの日には太巻き寿司を作って祝う風**

習があったようだ。当時、村々には「すしつけ名人」と呼ばれる人がおり、祭礼があると家々を回って寿司を巻いたという。名人が巻いた寿司は、色付けしたかんぴょうやしょうがなどを使って切り口が金太郎飴のように様々な文様になるように細工されていた。ただ、その頃の文様はまだシンプルなもので、今のように華やかで色鮮やかな絵柄の太巻き寿司が登場するのは戦後のことである。

戦時中から戦後にかけての食料難の一時期、寿司作りは途絶えていたが、人々の生活に余裕が生まれてきた1950年頃、伝統の太巻き寿司を復活させようという声が高まる。かつてのすしつけ名人は男性だったが、**戦後新たに伝統を引き継いだのは一般家庭の主婦である。女性特有の繊細な感覚で、華やかでユニークな太巻き寿司を次々と創作する。**彼女たちは職業としてではなく、楽しみながら寿司作りをしたので、お互いのアイデアや技法を惜しげもなく教え合い、かつての名人たちから伝えられてきた伝統的な図柄だけではなく、〝祝〟や〝寿〟などの文字、チューリップや桜、蝶や蟹、パンダなどからドラえもんやアンパンマン、ピカチュウなどのキャラクターまでバリエーションはどんどん増えた。なぜこのような寿司が作れるのか、その技には驚嘆する。

近年、このよう太巻き寿司を発展させてきた経験豊富な主婦たちを講師に、各地で太巻き寿司作りの講習会や教室が盛んに開催されるようになり、若い主婦たちも太巻き作りを楽しむようになった。今、特色ある伝統料理を次世代にどう継承すべきかという問題に直面している地方が増えているが、房総地方では伝統の食文化が世代を超えてしっかり継承されており、さらに県内にとどまらず、飾り巻き寿司は全国各地に広がりを見せている。

まだまだあるご当地寿司いろいろ

鱒《ます》寿司

富山県

鱒寿司は、塩漬けしたマスの切り身を酢飯の上に敷いて笹を折り曲げて包み込み、木製の丸いわっぱに入れた押し寿司だ。大正時代に駅弁として商品化されたことがきっかけで、富山名物として広く知られるようになった。ただ、鱒寿司の詳細な起源は不明である。

江戸時代半ばの享保年間、富山藩のある料理人が考案した押し寿司を将軍徳川吉宗に献上し、それが賞賛されたという逸話が伝わっている。

かぶら寿司

（農林水産省「うちの郷土料理」）

石川県

塩漬けにしたブリやサバをやはり塩漬けにしたかぶで挟んで、麹《こうじ》（甘酒）に漬けて発酵させたなれ寿司の一種である。北陸地方では古くから冬の保存食として作られており、江戸時代、金沢ではかぶらずしで年賀の客をもてなしたという記録がある。

柿の葉寿司

奈良県
和歌山県

江戸時代、紀州（和歌山県）の漁師たちが、お金を得るために熊野灘で獲れたサバを酢で締め、紀ノ川上流の五條（和歌山県）や吉野（奈良県）地方の村々まで売りに出かけていた。海から遠い地方では海産物は貴重であり、サバは酢飯の上にのせて柿の葉で包んだ押し寿司に加工し、祭礼のときにはごちそうとして振舞われた。

柿の葉が使われたのは、この地方が柿の産地であり、また、柿の葉には防腐や乾燥を防ぐ効果もあり、寿司を長持ちさせることができるためだ。なお、今では柿の葉にはポリフェノールがあり、抗菌・抗ウイルス作用があることが科学的に証明されている。

祭寿司

岡山県

（農林水産省「うちの郷土料理」）

江戸時代、岡山藩は「一汁一菜」の倹約令を出して贅沢な食事を禁止した。そこで、魚や野菜などの具をすし飯と一緒に混ぜてしまえば一つの食べ物だから一菜だと、庶民のお上への反発から産み出されたのが、祭寿司のルーツとなるちらし寿司だ。大正の頃、岡山出身の小説家内田百閒がこのちらし寿司を「祭寿司」と名付けた。

バッテラ

大阪府

江戸の握り寿司に対して、大阪では寿司といえば木枠にすし飯と具材を入れて、上から押し固める**箱寿司**が主流だった。明治中頃、大阪湾で獲れるコノシロを使った箱寿司が考案され、「バッテラ」と呼ばれた。バッテラの語源は**ポルトガル語で小舟**を意味する「バッテーラ」で、寿司にのせたコノシロが舟のような形に見えたことが由来である。しかし、今のバッテラは酢鯖の上に板状の昆布が重ねられているのが特徴で、残念ながら小舟には見えない。

岩国寿司

山口県

©岩国市観光振興課

江戸時代に山上にあった城へ運びやすい保存食として考案されたと伝えられている。白身魚の酢締めや錦糸卵、椎茸やゴボウの煮付けなどの多彩な食材を何層にも重ね、一度に大人数分を作るため、大きなものは60センチ四方もあり、食べるときは四角く切り分けた。その豪華さから「**殿様寿司**」と呼ばれたが、岩国出身の女流作家宇野千代は、「お鮨のサンドウィッチ」と呼んでこの寿司を愛した。

6 ほうとう

清少納言も食べたかも？

「朝はおねり、昼はおやき、夜はほうとう」

山梨県が甲斐と呼ばれていた頃、人々の日常の食生活を表すこのような言葉があった。**おねり**はジャガイモやカボチャなどの野菜とトウモロコシの粉をかき混ぜた汁粉のようなもの、**おやき**は小麦粉と蕎麦粉を練った皮で野菜や山菜を包んで焼いたもの、**ほうとう**は小麦粉を練った生地で作った幅広の太麺をカボチャなどの野菜と一緒に味噌仕立ての汁で煮込んだ料理である。標高が高く、平地の少ない甲斐の山間部の村々は稲作が難しく、昔はおねりやおやき、ほうとうなど

小麦や雑穀を使った食べ物が主食になっていた。

おねりは今ではほとんど食べられなくなったが、**ほうとう**は今も山梨を代表する郷土料理である。山梨へ行けば必ず食べたいご当地グルメとしてメディアにもしばしば紹介され、県民はもちろん県外の人々からも親しまれている。

この**ほうとう**、実はその歴史は意外と古く、1000年以上も前に遣唐使が中国から持ち帰った**餺飥**《はくたく》をルーツとする説がある。餺飥は小麦粉を水で練り、それを細く切って茹でた食べ物で、「はくたく↓はうたう↓ほうとう」と音便化したという。平安時代には貴族たちの好む食べものとして重宝され、清少納言の『枕草子』にも「はうたう」という記述が見られる。

平安時代の餺飥と甲斐のほうとうがどこまで関連しているのかは史料が不足し、不明だ。しかし、戦国時代には甲斐の戦国大名である、あの**武田信玄がほうとうを陣中食にしていた**と伝えられている。甲斐は米の生産量が少ないため、信玄は山間部の開墾を進め、麦類やそば、雑穀の栽培を奨励し、人々はそれらを麺状に加工して食料にしていたという。粉挽きに使われた道具が当時の史跡から多く見つかっていることがそれを裏付けている。食べるためには炊かねばならない米に比べ、ほうとうは鍋で少し煮込めばすぐに食べることができ、さらに現地で調達した山菜、きのこ、山鳥など入れると戦うためのエネルギー源となる最高の陣中食だった。

江戸時代以降は、**調理が簡単で野菜や肉などのような食材とも相性が良く、栄養価が高いほうとうは日常的に食されるようになる**。「ほうとうの麺を打てないと一人前でない」とされ、甲斐の娘たち

天空カボチャ　（株式会社まつの提供）

にとってほうとう作りは欠かせない嫁入り修行だった。

ところで、ほうとうといえば**カボチャ**が欠かせない具材となっている。カボチャに限らず、ほうとうには様々な季節の野菜を一緒に煮込む。ほうとうがもっともよく食べられる冬場はカボチャが旬であり、また、甘みのあるカボチャを入れると甲州味噌の塩味が調和し、深いコクと味わいが出ることから「**ほうとうにはカボチャ**」となったのだ。

ちなみに、今、山梨県では「**天空カボチャ**」と呼ばれるカボチャが注目されている。山梨といえばぶどうが有名だが、近年、高齢化の影響でぶどう生産の担い手が少なくなり、ぶどう棚の荒廃が深刻になっている。このぶどう棚の有効活用として始められたのが、ぶどうより収穫までの手間がかからないカボチャの栽培だ。カボチャは地表で育つのが一般的だが、天空カボチャはぶどうのように空中で育つ。そのため、果実全体で太陽光を浴び、糖度が増すそうだ。濃厚な甘みの天空カボチャは、もちろんほうとうにも最適の具材である。

7 静岡おでん

静岡県民には黒いおでんが当たり前

おでんのルーツは室町時代に生まれた**味噌田楽《みそでんがく》**といわれている。味噌田楽は、豆腐やこんにゃくを串に刺して味噌をつけて焼いたものだが、その姿が竹馬で跳ねて踊る「田楽舞《でんがくまい》」に似ていたことがその名の語源らしい。

江戸時代になると、**田楽は煮込んで食べるようになり、江戸ではおでんと呼ばれ、屋台料理として広まった。**時代が進むと、おでんは全国各地に伝わり、その土地の食べ物や風土にあった郷土料理として進化してゆく。

静岡でもおでんは大正の頃には食べられていたが、

現在のような特徴を持つようになったのは、戦後のことである。当時の食糧難の折、安価で入手しやすい牛スジや豚モツをおでんスープで煮込んだところ、人気が高まり、さらに駿河湾で水揚げされる魚のすり身を使った練り物をおでんの具に使うようになった。当初は静岡駅周辺におでん屋台が集まっていたが、やがて静岡の街が復興してくると、繁華街や郊外に店舗が移り、現在では、静岡市内におでんを扱う店は６００軒以上ある。最近は減少したが、おでんは駄菓子屋でも売られており、1本が50円と激安の店もある。子どもたちはおやつに、近所の主婦は鍋を持って夕飯のおかず用に買いにくる。大人たちは居酒屋で夏でもおでんで一杯と、静岡県民のおでん好きはとにかく半端じゃない。

静岡おでんにはどのような特徴があるのだろうか。まず、**スープが黒い**。濃口醤油を使い、牛すじで出汁を取っているのだが、黒いのは何年も継ぎ足して使うからだそうだ。

次に**黒はんぺんが必ず入っていること**。黒はんぺんはサバとイワシを使った練り物で、骨や皮も取り除かずに使うので、カルシウムが豊富で色が黒い。県民にとっては身近な食材だが、日持ちしないため、その９割は静岡県内で消費されている。

具が串に刺してある。黒はんぺんはもちろん、どの具材もすべて串に刺さっているので、子どもたちはおやつとして食べやすく、居酒屋では食べ終わった串の数で会計をする。

具に青のりや出汁粉《だしこ》を振りかけて食べるのも特徴だ。出汁粉はイワシの煮干しを削って粉にしたものである。この出汁粉は、後述する富士宮やきそばにも使われている。

なお、静岡おでんを静岡県民は「**しぞーかおでん**」と呼んでいる。

まだまだあるご当地おでんいろいろ

青森おでん

青森県

戦後、青森駅の近くで営業していた屋台のおかみさんが、寒さが厳しい冬、北海道へ渡る青函連絡船に乗る人たちの身体を少しでも温めようと考案したという。大粒のホタテやタケノコなど青森特産の食材を**生姜入りの味噌ダレ**につけて食べるのが特徴だ。

（青森県観光情報サイトより）

東京おでん

東京都

東京では「おでんに燗酒《かんざけ》」が、東京がまだ江戸と呼ばれていた頃からの飲み屋の定番だ。濃口醤油を使った濃いめの出汁で、ちくわぶやはんぺんなど**東京特有の練り物**をネタに煮込むのが特徴である。

（農林水産省「うちの郷土料理」）

金沢おでん

石川県

起源は明らかではないが、金沢市内には昭和初期からの老舗おでん店が多く、石川県は1人あたりのおでん消費量と、人口10万人あたりのおでん店数が日本一である。バイ貝やカニ面、加賀野菜など地元の食材と金沢産の**うまくち醤油**を使っているのが特徴だ。

味噌おでん

愛知県

赤味噌の出汁で具材を煮込むスタイルと、出し汁で煮た具材を味噌ダレにつけて食べるスタイルがある。居酒屋など飲食店では前者のスタイルがほとんどだが、家庭では市販のチューブ入りの赤味噌を使うため、後者のスタイルが一般的だ。

(農林水産省「うちの郷土料理」)

姫路おでん

兵庫県

関西ではおでんを「関東《かんと》煮《だき》」と呼んでいたが、昭和初期に姫路の浜手地域で関東煮の具を、小皿にとって生姜醤油をかけて食べたのが始まりとされる。当時、姫路付近は生姜の産地だった。

高松おでん

香川県

「うどんといえばおでん」。これが香川県では当たり前で、うどん店には必ずといってもよいほどおでんが置かれている。里芋や牛すじなど、地域色豊かな具もあり、辛子味噌を付けて食べる。

8

名古屋めし

東京から名古屋に広まったってどういうこと？

ひつまぶし、味噌煮込みうどん、味噌カツ、台湾ラーメン、きしめん、小倉トースト、天むす、あんかけスパなど名古屋には他県にはないユニークなご当地グルメが数多くあり、それらを総称して「**名古屋めし**」と呼んでいる。名古屋めしの特徴は、数百年の歴史がある伝統料理から平成以降に広まった新しいグルメまでバラエティに富んでおり、そのジャンルも、和食や麺類、洋食、菓子など多種多彩であることだ。名古屋めしが多彩なのは、名古屋人は豚カツに味噌、トーストに小倉あん、スパゲッティに中華あんなど、和洋中にこだわらず、通常はあり得ない組み合わせを発想し、実現するからだそうだ。

また、全国各地のご当地グルメと呼ばれる食べ物は、一般的にその地域の暮らしや風土の中から生まれた地産地消が特徴だが、名古屋めしの場合、名古屋以外で生まれ、名古屋で発展したものも多い。

名古屋めしといえば、まず**赤味噌**を使った料理が思い浮かぶが、赤味噌が生まれたのは同じ愛知県でも三河地方の岡崎だ。天むすは名古屋生まれと思っている方が多いが、三重県津市が発祥地だ。

名古屋めしを一言で定義づけるのは難しい。**名古屋とその近郊の人々に親しまれ、家庭や飲食店で食べられているこの地域独特の食べ物**ということになるだろうか。

実はほんの20年ほど前まで名古屋めしという言葉は誰も使っていなかった。2001年、飲食店グループの「Zetton」が東京都内に、味噌カツやひつまぶしなど名古屋にゆかりのメニューを目玉にした店をオープンしたとき、取材に訪れたグルメ情報誌の記者が東京では知られていなかったこれらの料理を読者にひと言で表現するインパクトがある言葉はないかと考えたのが、イタリア料理を意味する「イタめし」に引っかけた「ナゴめし」だった。しかし、「Zetton」の社長が、もっとわかりやすいほうがよいと提案したのが「**名古屋めし**」という言葉だった。

東京や大阪にも多彩な食べ物があるが、「東京めし」や「大阪めし」という言葉はない。都市名を冠してその地方の食文化を総称とするこのような言葉は全国で唯一「名古屋めし」だけだ。

1億人のなごやめし総選挙結果

	品　名	得票数
1	ひつまぶし	45,095
2	味噌カツ	40,506
3	手羽先	38,182
4	味噌煮込みうどん	36,683
5	天むす	32,845
6	小倉トースト	30,390
7	モーニング	27,743
8	名古屋コーチン	27,366
9	きしめん	27,151
10	エビフライ	27,119

○ 投票期間　2022年1月31日～3月1日
○ 総投票数　629,460票

中部国際空港が開港し、愛知万博が開催された2005年、メディアの視線がかつてないほど名古屋に向けられる。折しも、トヨタが乗用車の売り上げ世界一になるなど名古屋経済が絶頂期を迎え、その勢いで名古屋の大手飲食店が相次いで東京に進出する。名古屋の食文化への評価も高まり、**東京で広まった名古屋めしという言葉が、逆輸入の形でこの頃から名古屋でも使われるようになった。**

2018年、名古屋城内に名古屋めしを提供する店が集結した金シャチ横丁がオープンし、県外から多くの観光客が訪れるようになった。2022年には、なごやめし普及促進協議会主催による「**1億人のなごやめし総選挙**」が実施されるなど、今、名古屋めしが名古屋に活気を与えている。

ひつまぶし　©（公財）名古屋観光コンベンションビューロー（～P.37）

ひつまぶし

細かく刻んだ**うなぎ**の蒲焼きをのせたご飯が1人用のおひつに入っている。そこから自分で茶碗に取り分け、1杯目はそのまま、2杯目は薬味《やくみ》を散らし、3杯目はお茶漬けにしてさらさらと三つの味を楽しむことができる。

手羽先

味噌カツ

ひつまぶしの起源は諸説あるが、ある老舗の店主が語る「昔は天然ウナギを使っていたが、太く固いのはお客さんに出せず、もったいないのでそれを焼いて細かく刻み、薬味をかけてまかない用にしたのが始まり」という話が興味深い。なお、愛知県のうなぎ生産量は国内第2位、全国の25%を占めている。

味噌カツ

甘辛い赤味噌ダレをかけたトンカツや串カツのことである。戦後の屋台で、客がどて煮（ホルモンを赤味噌で煮込んだ料理）の鍋に串カツをドボンとつけて食べたのが始まりとされる。トンカツを出す県内の飲食店なら、ほとんどの店で食べることができる。

手羽先

昭和38年頃、ある飲食店で、いつも使う鶏肉が発注ミスで欠品した。困り果てた店主がその代わりとして大量にあったスープ材料用の若鶏の手羽先を唐揚げにし、タレに付けて客に出したところ意外にも好評を得た。居酒屋では定番メニューだが、デパ地下や駅でもテイクアウ

天むす

味噌煮込みうどん

トの手土産として人気がある。

味噌煮込みうどん

鰹《かつお》節などで出汁を取った赤味噌ベースのつゆで煮込んだうどん。煮込み専用のコシが強い極太麺を、鶏肉などの具材と一緒に土鍋で煮込む。すでに明治の頃、名古屋とその近郊では家庭料理として広まっており、今では県内のうどん店ではほぼどこでも食べられるほど愛知県民に親しまれている。

天むす

小エビの天ぷらを具にしたおむすび。一般的なおにぎりよりかなり小さい一口サイズで、手軽にパクパクといくつでも食べることができる。昭和30年代に三重県津市の天ぷら専門店でまかないとして作られたのが始まり。昭和50年代にのれん分けされた店舗が名古屋に出店し、その味が口コミで広がり、名古屋名物の印象が広まった。

伊勢湾や三河湾では車エビなどたくさんのエビが獲れ、愛知県は**えびせんべい**などエビを使った商品が多く、**エビフライ**も有名だ。

モーニング

朝、喫茶店でコーヒーを注文すると、トースト、ゆで卵、サラダが付くのは当たり前、さらに季節のフルーツ、ヨーグルト、グラタン、茶碗蒸しにスパゲッティやうどんが付く店もある。もちろん、代金はコーヒー代のみである。

このようなゴージャスなモーニングサービスは、昭和30年頃、名古屋の北に位置する一宮市で発祥した。繊維産業で栄えてきた一宮には、機屋《はたや》と呼ばれる多くの町工場があったが、工場内は機械の音が大きく、業者はその騒音を避けて喫茶店で商談をしていた。喫茶店のマスターがそんな常連さんにゆで卵とピーナツを出したのがモーニングの始まりとされている。当時、一宮は養鶏が盛んで新鮮な卵を安く入手できたことも背景にある。

（株式会社プレジデント社提供）

9

鮒《ふな》ずし

世界で6番目に臭い食べ物

　すしの起源は古く、前述（P19）のように8世紀頃には日本独自のすし文化が発祥していたと考えられる。しかし、当時のすしは川魚などを発酵させて作る保存用の食品で、私たちが回転寿司で食べるにぎり寿司や巻き寿司のような現代の寿司とはまったくの別物、むしろ魚の漬け物と言ったほうがわかりやすい。

　この時代のすしの名残を今も残しているのが滋賀県の郷土料理である**鮒ずし**だ。鮒ずしは琵琶湖などで獲れる**ニゴロブナという魚を、塩と米飯を入れた桶に丸ごと漬け込み、数ヵ月から1年ほどかけて熟成させて**

作る。そのままでも食べることはできるが、味噌汁や吸いものに具として入れたり、天ぷらや握り飯にしたり、いろんな食べ方ができる。近江《おうみ》（滋賀県）の琵琶湖周辺の地方では、鮒ずしは昔から多くの家庭で漬けられており、ハレの日のご馳走として、正月や法事、結婚式やお祭りのときなどに食べられてきた。この地域の人々の生活を支えてきた保存食であり、ソウルフードだったのだ。

塩と米飯の発酵によって魚を長期保存させる製法は、実は日本古来のものではなく、東南アジアの山岳民族が編み出し、それが中国を経て奈良時代頃に日本へ伝わったと考えられている。ただ、塩や米は庶民にとっては貴重であり、手間と時間がかかる発酵ずし作りが広まったのは都に近い地域と西日本の一部の地域に限られていたようだ。近江地方で鮒ずしが作られるようになったのは、都に近かったことと食用となる淡水魚が豊富な琵琶湖があったことが大きい。

ただ、県外から滋賀県を訪れるほとんどの旅行者は鮒ずしを口にしない。鮒ずしは独特の酸っぱ味があって匂いが強烈であり、みんなその臭さに閉口するのだ。列車の中で鮒ずしを食べていたら強烈な匂いのため、その車輌から誰もいなくなったという逸話もある。何せ「世界の臭い食べ物ランキング」では、鮒ずしの臭さは世界第6位にランクされている。

「鮒ずしの味がわかるようになれば一人前の江州人《ごうしゅう》（滋賀県民）」という言葉があるそうだが、昨今は、昔のように自家で漬けることも少なくなり、県民にも「この臭さはちょっとムリ」と鮒ずしを敬遠する人が多くなったという。

10

小豆雑煮《あずきぞうに》

小豆雑煮ってぜんざいと同じなの？

雑煮は全国各地で食べられているが、出汁や味付け、餅の形や具の種類は、地方や家庭によって多種多様である。農水省のＨＰによると、よく知られているものだけでも全国に１００種類以上、細かな特徴にまで着目するとさらに種類は増え、集落の数だけ雑煮の種類があるという。

そんな中でも、小豆雑煮は鳥取県や島根県のユニークな雑煮として、しばしばテレビや雑誌で取り上げられている。ただ、報道にはやや誇張があり、鳥取や島根では小豆雑煮が一般的な雑煮かというと決してそうではない。鳥取県でも味噌仕立てやすまし仕立ての雑煮が主流の地域はかなりあり、島根県には小豆雑煮以外にも海苔《のり》雑煮・黒豆雑煮・貝雑煮など県内には9種類の雑煮があるという。小豆雑煮が見られるのは、鳥取県では日本海に面した沿岸地域、島根県でも県東部の出雲地方の沿岸地域に限られ、両県とも内陸部ではほとんど見られない。

　小豆雑煮のルーツについては、出雲地方が発祥とされる**ぜんざい**と関連しているという話が興味深い。旧暦10月は、日本中の神様が出雲大社に出かけるため、各地には神様がいなくなり、神無月《かんなづき》と呼ばれるが、神様が集まる出雲では神在月《かみありづき》と呼び、神在祭《かみありさい》という神事が執り行われる。その祭の折に**神《じん》在餅《ざいもち》**という餅が振る舞われるが、村々では神在餅を小豆汁で煮て食べる風習があった。**小豆の赤色は邪気を払い、魔除けの力があるとされ、また、小豆は一つのさやからたくさんの豆が採れるので子孫繁栄の願いも込められている。**神在餅の「じんざい」が出雲弁で訛って「ずんざい」さらに「ぜんざい」となった。江戸時代の文献にもぜんざいの発祥地が出雲地方であるという記載が見られる。そして、このぜんざいを正月にも食べるようになり、一説にはそれが小豆雑煮になったといわれている。小豆雑煮の作り方には地域により多少の違いは見られるが、見た目はぜんざいとほぼ同じである。

　なお、兵庫県や京都府の日本海沿岸の一部地域にも小豆雑煮を食べる慣習があり、詳細な史料はないが、江戸時代に北前船が小豆を運んでいたことから日本海沿岸地域に小豆雑煮が広まったという説がある。

11
もつ鍋

もつ鍋ブームはなぜ起こった？

もつ鍋に**使用されるもつとは、腸やレバーなど牛や豚の内臓の総称である。**臓物《ぞうもつ》の「もつ」がその語源だ。もつは**ホルモン**とも呼ばれる。ホルモンの語源として、昔は臓物は食べないで捨てていたため、関西弁で捨てるものを意味する「ほおるもん（放る物）」と呼んだという説があるが、これは俗説であり正しくない。内分泌器官から放出される化学物質を意味するドイツ語の「Hormon（ホルモン）」が語源である。

そもそも伝統的に肉食文化を持つ国々では、肉、骨、皮などどの部位も大切に活用し、臓物だからといって捨てたりはしない。日本でも肉食が普及した明治以降、各地に臓物料理があったという。

今では福岡の郷土料理として知られる**もつ鍋**は、戦前から筑豊（福岡県北部）の炭鉱で働いていた朝鮮半島出身の人たちが、過酷な労働の後に活力源として食べていた臓物料理がルーツとされている。この臓物料理の影響を受け、戦後の食糧難の時代、筑豊では**安価で手に入りやすいもつとニラなどの野菜を鍋に入れ、醤油で炊いて食べるようになったのがもつ鍋の原型**である。

その後、石炭産業が斜陽化し、筑豊を離れる人が増えるが、筑豊に生まれたもつ鍋料理は県内に広まり、1960年代には鍋に入れる具材もキャベツやニンニク、ちゃんぽん麺などバリエーションが豊かになり、福岡の郷土料理としての地位を確立してゆく。

平成以降、もつ鍋は2度大きなブームを起こす。1度目は1990年代、東京にもつ鍋を提供する店が進出し、**手頃な価格でボリューム満点**、酒にも合うとサラリーマンに受け入れられ、もつ鍋ブームが全国に広がった。1992年の流行語大賞で「もつ鍋」は新語部門の銅賞に選ばれる。

2006年、2度目のブームが起きる。今度は若い女性の間でもつ鍋が人気となった。もつにはコラーゲンやビタミンが豊富に含まれていて高タンパクで低カロリー、鍋にするとニラやキャベツなど野菜もたくさん摂ることができるので**美容と健康に良い**と、多くの女性から支持された。2度のブームを経て、今やもつ鍋は福岡の人々ばかりではなく、全国の人々に親しまれる鍋料理となった。

12

チャンプルー

沖縄県

チャンプルーってどういう意味？

本土とは歴史や気候風土が著しく異なる沖縄には、人々が知恵や工夫を凝らして育んできた独特の食文化が根付いている。

まず沖縄ならではの多様な食材だ。ゴーヤ、サヤインゲン、オクラなど熱帯由来の野菜類、島豆腐と呼ばれる本土のものより固めの豆腐、沖縄の人は鳴き声以外はすべて食べるという豚肉、ヒジキやモズクなどの海藻類、古くより交易品として沖縄に入ってきた昆布も沖縄料理には欠かせない食材だ。ただ、四囲を海に囲まれた沖縄だが、魚はあまり料理には使われない。

沖縄県の1世帯あたりの年間魚介類消費量は約20kg、これは47都道府県中の最下位である。沖縄県民は全国でもっとも魚を食べないのだ。理由として、沖縄近海にはサバやカツオなど日本人好みの魚が少ないこともあるが、最大の理由は気温の高い沖縄では魚は鮮度を保ちにくく、食材として扱いづらいことだ。

もっとも、気温が高ければ魚に限らず他の食材も傷みやすい。そのため、沖縄では生ものはあまり食べず、炒める、煮るなど火を通す調理法が基本である。チャンプルーもその一つだ。**「チャンプルー」とは沖縄の方言で「ごちゃまぜ」という意味**で、いろいろな食材を豚脂などの油で手早く炒めた料理である。琉球王国時代に一般庶民の料理として生み出されたが、家庭料理として広く定着するのは県民の主食が甘藷《かんしょ》（サツマイモ）から米に変わった昭和30年代以降である。また、チャンプルーに入れる食材も、本来は豆腐と野菜だけであったが、この頃から豚肉も使われるようになる。

なお、チャンプルーといえば、まず思い浮かぶのは**ゴーヤチャンプルー**だ。ゴーヤは和名を「苦瓜《にがうり》」といい、原産地は熱帯アジアであり、16世紀頃に中国を経て沖縄に伝わったとされる。かつては沖縄の特産として本土の人には馴染みがなかったが、今では家庭菜園でも栽培される身近な野菜である。沖縄へ行ったことがなくても、多くの人はゴーヤチャンプルーを食べたことがあるだろう。なお、ゴーヤをメインの具材に使ったチャンプルーなのでゴーヤチャンプルーというが、他にもキャベツを使ったタマナーチャンプルー、もやしを使ったマーミナーチャンプルーなどのようにそのバリエーションは豊かだ。

第2章 全国各地の気になるご当地麺

うどん、そば、ラーメン、そうめん、きしめん、ほうとう、焼きそば、スパゲッティ、カップ麺……日本ほど国民が日常的にこれほど多彩な麺を食べている国は他にはないだろう。麺料理は、日本各地に数多くあり、郷土の味として人々に親しまれている。

13

札幌ラーメン

日本人が食べたいラーメンNo.1

そもそも日本人が初めてラーメンを食べたのはいつ頃だったのだろうか。今までは、江戸時代の初め頃に明（中国）出身の儒学者朱舜水《しゅしゅんすい》が水戸黄門として知られる徳川光圀に振る舞った汁麺が、日本人が食べた最初のラーメンとされていた。

しかし、２０１７年、新横浜ラーメン博物館が「日本最古のラーメンは室町時代である」と新たな説を発表した。室町中期の１４８８年に京都のある寺院で、来客の接待用に中国の書物に基づいて「経帯麺」と呼ばれる中華麺を作ったことを記録した当時の文献が発見されたのだ。この文献によると経帯麺のレシピは現代のラーメンとほぼ同じで、日本におけるラーメンの起源は２００年遡った。ただ、広く一般にラーメンが食べられるようになったのは、明治以降のことだ。外国との交易が盛んだった横浜、函館、長崎などの中華料理店で中国からやってきた料理人たちが作った中華麺が、次第に庶民の間でも食べられるようになった。当時、それらは南京そばや支那《しな》そばと呼ばれ、のちに中華そばと呼ばれるようになった。

札幌では、１９２３（大正12）年、北海道大学前にあった竹家食堂で、中華料理の肉絲麺（ロースーミェン）を日本人向けの味に改良した中華麺が人気となった。これが**札幌ラーメン**のルーツとされている。しかし、この中華麺は、茹でた手延べ麺にネギなど手に入りやすい野菜をのせた塩味スープの簡単なもので、現在の札幌ラーメンとはまったく違ったものだ。残念ながら戦時中の物資統制による原料不足によってこのラーメンは姿を消してしまった。

現在の札幌ラーメンのスタイルは、戦後間もない１９４６年頃、**満州など中国から引き揚げてきた人たちが、札幌市内の二条市場や狸小路商店街の周辺で屋台のラーメン店を開業し、そこで作られた豚骨や鶏ガラから出汁を取った醤油味のラーメンが源流**だとされる。食糧難の時代、冬の寒さが厳しい札幌で、身体の芯から温まる手頃な価格のラーメンはあっという間に広まった。北海道の特産であるバターやコーンをトッピングするのも札幌ラーメンの特徴だが、バターをスープの表面に浮かべるとスープの温かさを保つ効果があるとされ、冬がとても寒い札幌ならではの工夫だ。また、札幌ラーメンには**太い縮れ麺**が使われることが多いが、これも寒い夜の屋台でラーメンを食べるときに、かじかんだ手で持った箸から麺が滑り落ちないよう、札幌の気候風土から生まれた工夫である。さらに、縮れ麺には濃厚なスープが絡みやすいという特徴もある。

札幌ラーメンはそれまで醤油味が主流だったが、1955年頃、味噌味のラーメンが登場する。ある店で、客から「豚汁に麺を入れて欲しい」と注文されたことをきっかけに考案され、それが評判となり、たちまち多くのラーメン店が**味噌ラーメン**をメニューに取り入れるようになった。このラーメンは、雑誌などマスコミでも取り上げられるようになり、さらに、当時、東京など大都市のデパートで開催されるようになった北海道物産展でも人気を集め、次第に全国に知られるようになった。

しかし、横浜や博多（福岡）などラーメンが有名な都市は他にも全国に数多いが、その中でも札幌という都市の名がもっとも有名になったのにはもう一つ大きな理由がある。それは、1968年に、サンヨー食品が販売を始めたインスタントラーメン「**サッポロ一番みそラーメン**」の登場だ。「サッポロ」という地名が入ったインパクトのあるネーミングのこのラーメンはたちまち売り上げを伸ばし、今や誰もが知る超ロングセラーのインスタントラーメンである。そして今では「ラーメンといえば札幌」、ラーメンと聞くと、多くの人はまず第一に札幌を思い浮かべる。ネットには人気のご当地ラーメンのランキングを紹介したサイトがいくつもあるが、多くのサイトで第1位は札幌ラーメンだ。

みんなが好きな日本全国の絶品ラーメンは？

1	札幌ラーメン（北海道）	75.0 点
2	博多ラーメン（福岡県）	73.9 点
3	佐野ラーメン（栃木県）	71.0 点
4	和歌山ラーメン（和歌山県）	68.2 点
5	喜多方ラーメン（福島県）	67.8 点
6	函館ラーメン（北海道）	66.8 点
7	尾道ラーメン（広島県）	64.3 点
8	横浜家系ラーメン（神奈川県）	64.3 点
9	富山ブラック（富山県）	63.2 点
10	新潟濃厚味噌ラーメン（新潟県）	60.0 点

※ 投票数と投票者の評価、専門家の評価を集計・点数化し、順位を決定
〈出典 : みんなのランキング　https://ranking.net/〉

ラーメン店の多い都市はどこ？

おもな都市の人口１万人あたりのラーメン店数（2024 年）

喜多方市	（福島県）	20.9 店
佐野市	（栃木県）	16.3 店
函館市	（北海道）	6.4 店
福岡市	（福岡県）	5.5 店
札幌市	（北海道）	5.3 店
尾道市	（広島県）	2.8 店
横浜市	（神奈川県）	2.4 店
全国平均		1.9 店

※「ラーメンデータベース」より算出

14

喜多方《きたかた》ラーメン

喜多方の風習「朝ラー」ってナニ？

喜多方は、福島県会津地方の北に位置することから、かつては北方と呼ばれていたが、明治初めに「喜びが多い」という佳字を使った喜多方に改められた。人口4・4万人の小都市だが、喜多方にはラーメンを提供する店が約90軒あり、**人口1万人あたりのラーメン店約21店は全国一**である。

喜多方ラーメンは大正末期に中国からやってきたある青年が、生計を立てるためにチャルメラを吹きながら屋台を引いて売っていた支那そばがルーツである。彼は駅前に店を構えるようになったが、麺やスープの作り方を惜しげもなく公開したため、市内の多くの食堂が支那そばをメニューに出すようになったのだ。良質の地下水に恵まれた喜多方は、古くから醸造業が盛んで、スープ作りに欠かせない醤油や味噌があったこと、戦後、当時としてはまだ珍しい製麺機をいち早く導入し、手打ち風の太麺の大量生産を可能にしたことがこの町のラーメンの発展を支えた。

そして、喜多方ラーメンを語る中で忘れてはならないのは「朝ラー」だ。朝ラーとは、文字通り朝に食べるラーメンのことで、市内には朝の６時から営業を始める店もあり、町の人々は朝からラーメンを食べる。醤油ベースの喜多方ラーメンは脂肪が少なく、あっさりした味わいのため、朝に食べても胃腸への負担が少ないそうだ。一説には、早朝に草野球を楽しんでいたグループが、あるラーメン店の主人に頼んで店を開けてもらい、出勤前にラーメンを食べていたことが始まりといわれている。

喜多方は今ではラーメンが有名だが、「蔵のまち」としても知られている。１９７０年代、喜多方の蔵のある風景が話題となり、県外から多くのカメラマンや観光客が喜多方を訪れた。しかし、当時の喜多方にはファミレスやファストフード店などはなく、彼らが昼食で食べたのがラーメンだった。そんな彼らにより、喜多方には美味しいラーメンがあると口コミで広まった。このことを機に、観光による町おこしを模索していた市の商工観光課は、メディアを利用し、喜多方ラーメンの積極的なＰＲに努める。喜多方は日本で最初にラーメンによる町おこしを企画し、成功した市である。

15
富山ブラック

こんなにスープが黒いのはなぜ？

　写真のような真っ黒なスープのラーメンを提供するラーメン店が富山市とその周辺に60店ほどある。店のメニューには「中華そば」とだけ書かれている。しかし、地元の人が名付けたわけではないが、いつの頃からか「富山ブラック」と呼ばれるようになり、今はこの名がすっかり定着している。
　このラーメンは１９４７年、その頃はまだ屋台で営業していたラーメン店「大喜」の店主が考案した。戦争で米軍の大空襲に見舞われた富山は、当時、街を復興するために建設需要が高まり、多くの労働者が集まっていた。労働者たちは、白飯を詰めた弁当箱やおにぎりを持参して、屋台のラーメンをおかずに食事をとっていたが、大喜の店主は、汗水流して働く彼らのために**塩分を補給し、ご飯と一緒に食べられるラーメンを意識し、辛めのスープに味付けを濃くしたチャーシューをたっぷり入れたラーメン**を作ったのだ。

このラーメンのスープが黒いのは、濃厚な味にするために醤油を煮詰めて使うからである。そのため、かなり塩辛い。しかし、そのしょっぱさが癖になるという人もおり、この黒いスープのラーメンが富山に広まった。

このラーメンが全国の人々に知られる転機は、２００９年、東京で開催された「東京ラーメンショー」である。約１００店舗が参加したこの日本最大級のラーメンイベントに富山市の西にある射《い》水《みず》市のラーメン店「麺家いろは」が「富山ブラック」の名で参戦し、４０４１杯を売り上げてみごと優勝。さらに２０１２年まで４年連続、これまでに５度の日本一に輝き、一躍「富山ブラック」という名を全国区にした。ただ、富山ブラックという名は元々の名称ではないので、他のご当地グルメのような定義や基準はない。どの店でも「富山ブラック」を名乗ることができるそうだ。そのため、スープの色の濃さには店ごとに違いがあり、薄味のあっさりしたスープを使っている店もある。

なお、富山県の隣の石川県金沢市にも真っ黒なスープのラーメンがあるらしいが、こちらのラーメンは醤油ベースではなく味噌味で、スープが黒いのはコクを出すためにイカ墨を使っているからである。富山ブラックとはまったくの別物だ。

16

博多ラーメン

うっかりミスから生まれた白濁の豚骨ラーメン

博多ラーメン、**久留米《くるめ》ラーメン**、**長浜ラーメン**、これらを「**福岡三大ラーメン**」という。このうち、もっとも知られているのは博多ラーメンだが、多くの人が知っている現在の博多ラーメンは久留米ラーメンや長浜ラーメンの影響が大きい。

まず、博多ラーメンの特徴である**白濁の豚骨スープ**だが、これは**久留米ラーメンがルーツ**である。1937(昭和12)年に開業した久留米市内のあるラーメン店で、ある日、かまどで煮込んでいた豚骨スープが、店主の外出中に煮詰まって白濁してしまった。しかし、もったいないので調味料を足して味見してみると結構うまい。こんな偶然から白濁スープの豚骨ラーメンが生まれたのである。戦後、この白濁スープを博多つまり福岡市内でも取り入れるラーメン店が増え、今では、博多ラーメンといえば白濁の豚骨ラーメンが定番となっている。

また、博多ラーメンには、**替え玉**という独特のサービスがあり、ラーメン好きに喜ばれている。1杯食べたけれどまだもの足りない。もう少し食べたい。そんな客の要望に応えるため、スープが残っていれば**麺だけを何度も追加注文することができるシステム**だ。これは**長浜ラーメン**がルーツだ。長浜ラーメンは1952年、福岡市内の長浜鮮魚市場に開業した屋台が発祥だ。この屋台では、市場で忙しく働く人たちにラーメンを素早く出せるよう、麺を細麺にして茹で時間を短縮し、細麺は伸びやすいので麺の量を少なめにし、足りない分は後から替え玉で追加できるようにした。そして、市内にはこのシステムを採用するラーメン店が増えたのである。ちなみにその頃まで福岡のラーメンには特に呼称はなかったが、1977年、あるラーメン店の女将が「博多ラーメン」と呼び始め、以後、この名が全国に広まった。

近年、日本のラーメンが海外でもブームとなっており、現在、海外にあるラーメン店の数は2000軒を超え、ニューヨークでは、和食の中でラーメンは寿司に次ぐ人気だという。そんな日本のラーメンの中でも圧倒的な人気を得ているのが博多ラーメンだ。欧米人には豚骨は未知の味であり、白濁のスープが珍しいそうだ。

まだまだあるご当地ラーメンいろいろ

函館ラーメン

北海道

幕末に開港した函館には、海産物の交易のため、多くの華僑《かきょう》が住むようになった。彼らは広東《かんとん》料理の清湯（チンタン）という鶏や豚がらから出汁をとるスープを好んで食べていたが、明治になるとある華僑が中華料理店を開業し、清湯をベースにした塩味のラーメンを販売するようになった。南京そばと呼ばれたこのラーメンが**函館ラーメン**のルーツとされており、今でもあっさりした塩味が函館ラーメンの特徴だ。

佐野ラーメン

栃木県

佐野ラーメンは、青竹で打つコシの強い平麺と醤油味のあっさりしたスープが特徴である。大正時代に中国出身の料理人が伝えたとされ、人口12万の佐野には昭和初期に１６０軒ほどのラーメン店があったという。現在も市内には２００を超えるラーメン店がしのぎを削っており、東京から2時間ほどとアクセスがよいこともあり、平日でも人気店は県外からの客で長蛇の列、1時間待ちは当たり前だそうだ。

横浜家系ラーメン

神奈川県

家系ラーメンは、1974年に横浜市磯子《いそご》区で創業した「吉村家《よしむらや》」の豚骨醤油ベースのスープに太いストレート麺が特徴のラーメンがルーツだ。吉村家のラーメンの人気が高まると、市内にはその味やスタイルを踏襲したラーメンを提供する店が増えるが、それらの店は吉村家のように「○○家」というふうに、店名に〝家〟の字を使うことが多かった。これが家系ラーメンの語源である。「家系」は「いえけい」と発音する。

和歌山ラーメン

和歌山県

©和歌山県観光連盟

和歌山には、昭和初期からあっさりした醤油系の中華そばがあったが、戦後になると出汁を取るのに豚骨も使われるようになる。ただ、和歌山ラーメンの特徴はラーメンそのものではない。和歌山には早寿司という名物の酢じめのサバの押し寿司があるが、地元の人は、この早寿司をラーメンと一緒に食べるのだ。そのため、ほとんどのラーメン店にはカウンターやテーブルに早寿司が置かれている。客はそれを自由にとってラーメンと一緒に食べ、食べた個数を自己申告して勘定を済ませるという。ただ、この習慣がいつ頃どの店から始まったのかは不明だ。

尾道《おのみち》ラーメン

広島県

戦前の尾道は造船業で栄え、そこには多くの中国人労働者がいた。しかし、戦災で、造船業が壊滅状態になると、職を失った中国人の中には屋台を引いて中華そばを売り歩く者が現れた。尾道ラーメンの起源である。1960年頃には、瀬戸内の小魚から取った出汁に醤油を合わせたスープをベースにした独特の風味を持つ今のスタイルのラーメンに進化する。

長崎ちゃんぽん

長崎県

(農林水産省「うちの郷土料理」)

ちゃんぽんは、明治の中頃、長崎の中華料理店の店主が、中国からの留学生に安くて栄養価の高いものを食べさせようと考案した料理が始まりとされる。鍋で野菜や肉、魚介類など様々な具材を炒め、そこに中華麺を入れて濃いめのスープで煮込んだボリューム満点の料理だ。やがて、他の中華料理店でも提供され始め、一般家庭でも日常的に食べられるようになった。「ちゃんぽん」は、簡単なご飯を意味する中国語の「喰飯（シャンポン）」が語源とされている。

手綯い作業の様子
（稲庭うどんしゅんぞう堂提供）

17 稲庭《いなにわ》うどん

地元では誰も食べず、知らない人もいたらしい

　稲庭は、秋田県湯沢市の山あいにある小さな集落だ。冬は雪深くなり、この地域で収穫された小麦を使って保存食として作られていた乾麺が稲庭うどんの起源である。**稲庭うどん**はコシの強さを生みだす**手綯《てな》い**と呼ばれる独特の手延べ製法によって作られ、うどんにしてはやや細いのが特徴だ。
　この乾麺を最初に作ったのは佐藤市兵衛という人物だ。江戸時代初めの頃である。さらに、その技を引き継いだ2代目の佐藤吉左衛門が技術改良を重ねて、1752年、秋田藩御用とな

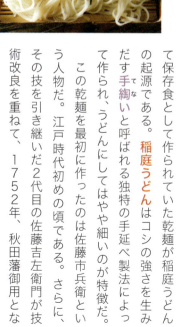

り、佐藤家が作る乾麺だけが「稲庭干饂飩《ほしうどん》」と名乗ることを許された。通常のうどんは1日あれば作ることができるが、稲庭うどんには、20ほどの工程があり、しっかり熟成させ、乾燥させるため、完成までに4日ほどかかる。稲庭うどんは高級保存食として、秋田藩が将軍家への献上品や他の大名たちへの贈答品として用いていた。そのため、**佐藤家に伝わる稲庭うどんの製法は、藩より門外不出を命ぜられ、一子相伝の技**とされた。明治時代には宮内庁御用達の栄誉も受ける。

かつての稲庭うどんは殿様たちが食べる高価な食べ物であり、庶民の口に入ることはなかったのだ。今でも、地元のお年寄りには「昔は、われわれ庶民にはまったく縁がなく、われわれが食べたのは安ものの普通のうどんだった」と語る人がおり、高校生の頃まで、稲庭うどんなんて知らなかったという人もいる。

1972年、佐藤家の7代目店主が**200年以上続いた門外不出一子相伝を止め、その製造技術の公開に踏み切る**。家人以外の職人にも製造技術を教えたことで、稲庭うどんはこの地方の特産物となり、その発展に伴って関連産業が興り、雇用も増え、現在、乾麺メーカーの全国組織である全国乾麺協同組合連合会に加盟している稲庭うどんの会社は18社、これは讃岐うどんに次いで全国で2番目に多い。

稲庭ではうどん作りに機械を使わず、手間と時間がかかっても昔ながらの職人の製法を守りつつ、稲庭うどんというブランドを育てる姿勢は変わらない。

18 群馬三大うどん

群馬は粉もん文化のサンクチュアリ

群馬県を「**粉もん文化のサンクチュアリ（聖地）**」と呼ぶ人がいる。粉もんとは小麦粉を使った食べ物のことをいい、うどん、おきりこみ、焼きまんじゅう、おやきなど伝統的な食べ物から、最近では高崎パスタや上州太田焼きそばなど小麦粉を原料とした特色のある食べ物が、県内の各地に見られる。

なぜ、小麦粉を使った食べ物がこんなに多いのだろうか。**冬の長い日照時間、適度に乾燥した群馬名物のからっ風、水はけのよい土壌**などの自然条件を生かし、この地方では古くから**米の裏作として小麦を栽培する二毛作が盛ん**だった。米は収入源としてほとんどを出荷に回すため、**農家では小麦が主食となり、それを美味しく食べるために小麦粉から様々な食べ物が生まれた**のである。

そのなかでも、昔からもっとも多くの人に親しまれてきたのがうどんである。県内には各地に特色あるうどんが見られるが、とりわけ知られているのが、**渋川市の水沢うどん、桐生《きりゅう》市のひもかわ、**

ひもかわ

水沢うどん

館林《たてばやし》市のうどんだ。これらは「群馬の三大うどん」と呼ばれ、観光グルメとしても県外の人たちにも人気である。

水沢うどん（渋川市）

水沢うどんはツルっとした食感のやや太めでコシが強いのが特徴である。冷やしてざるに盛り、醬油ベースのめんつゆや胡麻ダレなどで食べるのが一般的だ。榛名《はるな》山の山麓にある伊香保《いかほ》温泉の名物として知られており、江戸時代に、この温泉に近い坂東三十三観音の十六番札所である水沢観音を訪れた参拝客に、僧侶たちが門前で振る舞った手打ちうどんがそのルーツとされている。

ひもかわ（桐生市）

三河国芋川《いもかわ》（現愛知県刈谷市）の名物だった平打ちのうどんが伝わり、「いもかわ」が訛って「ひもかわ」と呼ばれるようになったという説がある。この麺は薄く幅が広いのが特徴で、その幅は店によ り違いはあるが数㎝から10㎝くらいある。水沢うどんと同じように冷やしてつけ麺として食べたり、熱々の肉汁つゆなどに浸けて食べ

分福茶釜の釜玉うどん（株式会社花山うどん提供）

おきりこみ

たりする。

群馬県では、ひもかわと同じような幅広麺を使う料理として、「おきりこみ」もある。麺の生地を麺棒などに巻いて、包丁で切り込みを入れることから「おきりこみ」と名付けられたとされ、野菜や肉などの具材がたっぷり入った鍋でしっかり煮込む。山梨県のほうとう（Ｐ26）とよく似ているが、おきりこみにはカボチャは入れない。

館林のうどん（館林市）

群馬は良質の小麦産地であったため、明治末期、館林には製粉会社が創設された。これに伴い、その工場で生産された小麦粉を原料とする製麺業が発達し、昔からの手打ち麺の技巧により、豊かな風味と強いコシのうどんが生まれた。なお、館林は昔話「分福茶釜」にゆかりの地であり、今、「分福茶釜の釜玉うどん」が館林の名物になっている。

19 讃岐《さぬき》うどん

1週間に男性は６杯、女性は３杯

「うどん県」を名乗る香川県の県民が食べるうどんの量は、県が実施した調査によると男性が年間３１０玉、女性は１４９玉、全国平均の年間26玉とは格段の差がある。男性は1週間に約６杯、女性でも約３杯の割合いでうどんを食べていることになる。

香川県では昔から田植えを終えた後や法事の際には必ずうどんが振る舞われ、年越しもそばではなくうどんを食べるという。サラリーマンは、朝は出勤前にモーニングうどん、昼のランチはワンコインでおつりがくるセルフうどん、夜、飲んだ後にはシメのうどん、うどんは県民のソウルフードであり、写真のようにバリエーションも豊富だ。

ざるうどん

かけうどん

©香川県観光協会（～P.67）

卓袱（しっぽく）うどん

年明けうどん

かつて讃岐と呼ばれた香川県のうどんは**讃岐うどん**として全国に知られている。その起源には諸説あるが、平安時代初頭に唐へ渡った弘法大師がそこで学んだうどん作りの技法を故郷の讃岐に伝えたという伝説がある。ただ、その頃のうどんは、団子をつぶしたような形だったようだ。今のように細長い麺状のうどんになったのは江戸時代中期の元禄年間と推察され、「金比羅《こんぴら》祭礼図」という屏風絵に当時のうどん屋の様子が描かれている。

この地方でうどん作りが広まったのは、まず、うどんの原料である**小麦の栽培が盛ん**だったことが挙げられる。瀬戸内式気候に属する讃岐平野は雨が少なく、しばしば干ばつに見舞われるため、米の生産は安定しなかったが、水を多く必要としない小麦の栽培には適しており、小麦は米の代用品として欠かすことのできない食材だった。さらに、**讃岐地方は塩作りが盛んだったこと、いりこ（イワシの煮干し）の産地であったこと、対岸の小豆島では古くから醤油の製造が盛んだったことなど、うどん出汁の素材が揃っていたこと**も讃岐うどんを生みだした大きな要因だ。

現在は讃岐うどんには次のような基準が定められている。

①香川県内で製造されたもの
②手打ち、または手打ち風であること
③加水量が小麦粉重量に対して40％以上
④加塩量が小麦粉重量に対して3％以上
⑤熟成時間が2時間以上
⑥15分以内で茹であがるもの

これらの基準は、他のブランド食品に比べてそれほど厳格ではない。①の基準も「本場」「名産」「名物」「特産」という表示を使う場合の制約であり、②〜⑥の基準さえ守れば、香川県内でなくても、全国どこで製造しても「讃岐うどん」と名乗ることができる。そのため、讃岐うどんを標榜するうどん店は全国各地に見られ、このことが讃岐うどんをいっそう全国に広めることにつながっている。

なお、讃岐うどんの原料である小麦粉だが、現在はそのほとんどは「ＡＳＷ」というオーストラリア産である。「ＡＳＷ」は「Australia Standard White」の略で、製麺用に品種改良された複数銘柄の小麦を厳選してブレンドし、うどん独特の弾力やモチモチ感を出す小麦粉として、製麺業界から高い支持を得ている。しかし、近年、香川県では讃岐うどんに最適の小麦の開発も進められている。まだ開発途上だが、「さぬきの夢」というこの香川県産ブランド小麦を扱う店舗が増えつつあるのは喜ばしい。

まだまだあるご当地うどんいろいろ

吉田うどん

山梨県

富士吉田市付近は、冷涼な気候と火山性の土壌のため、稲作には適さず、古くから麦が栽培されていた。吉田は、江戸時代には富士講の門前町として賑うが、富士山の登拝者に振る舞った地元の小麦粉を使ったうどんが吉田うどんのルーツである。

このうどんは「日本一硬いうどん」といわれるほどコシが強いのが特徴だが、これはこの地方は昔から織物業が盛んで、織物を扱う女性の手が荒れないように、製麺は男性たちが受け持ち、彼らが力強くうどんを練ったからだという。

伊勢うどん

三重県

吉田うどんとは逆に「日本一柔らかいうどん」といわれるのが伊勢うどんだ。江戸時代、お伊勢参りが大流行し、伊勢神宮の門前にはうどん店が並び、参詣人にうどんを食べさせていた。ただ、大勢の人に次々とうどんを出すためには、大量の麺を茹で続ける必要があり、茹で続けても伸びないよう太くて柔らかい麺が工夫され、その麺にたまり醤油と出汁を合わせたタレをかけてすぐに食べられる独特なうどんが生まれた。

きつねうどん

大阪府

今ではご当地うどんという表現が当たらず、きつねうどんはどこへ行っても食べることができるメジャーな食べ物だ。江戸時代には「天下の台所」と呼ばれ、全国から昆布、小麦粉、塩など様々な食材が集まった大阪には、すでにうどん店が多数あったというが、きつねうどんが生まれたのは明治の中頃である。船場のある老舗で、うどんの付け合せに添えていた稲荷寿司用の甘く煮た油揚げを客がうどんにのせて食べたのが始まりとされる。「きつね」の名がついたのは、油揚げがお稲荷さんのきつねの好物とされていることが由来だ。

©徳島県・(一財) 徳島県観光協会

たらいうどん

徳島県

江戸時代末期、林業が盛んだった徳島県北部の土成《どなり》(現阿波市)のきこりたちは、山仕事を終えると河原に作ったかまどで、大釜にうどんを茹で、それを川魚から取った出汁につけて食べていた。当初は大釜をみんなで囲んで食べていたのだが、いつしか茹でたうどんを飯盆《はんぼ》に入れて、それを囲んで食べるようになった。飯盆とは寿司屋や魚屋などで使われる底の浅いお櫃《ひつ》のことだ。

昭和初期、このうどんを食べた徳島県知事が「たらいのような器に入ったうどんがうまかった」と言ったところから「たらいうどん」と呼ばれるようになった。今でも土成の家庭には一家に一つ、うどん用の飯盆、つまりたらいがあるらしい。

五島《ごとう》うどん

長崎県

五島うどんと聞いても知らない人が多い。しかし、この五島うどんこそ日本最古のうどんであるという。その昔、遣唐使の寄港地であった五島列島に中国から伝わった手延べ麺の製法が島の風土に根付き、これがその後、国内各地のうどんの源流となったという説である。生産量が少ないため、島でしか食べられず、かつては「幻のうどん」と呼ばれていた五島うどんだが、最近はネット通販でも入手できるようになった。

20

わんこそば

平均杯数は男性60杯、女性40杯

毎年2月、岩手県花巻市では「**わんこそば**全日本大会」が開催される。小分けにされたそばを制限時間内に何杯食べられるかを競うのだが、2025年の優勝者は5分で243杯食べたという。わんこそばはおよそ15杯でもりそば1杯分になり、通常、男性ならば平均60杯、女性でも40杯は食べるそうだ。

「わんこ」とはそばを入れる小さな木《き》地《じ》椀《わん》のことで、岩手の方言では「犬っこ」「わらしっこ（子ども）」「さげっこ（酒）」など語尾に〝こ〟を付けることが多い。

わんこそばの起源として、江戸時代初期の慶長年間に、参勤交代の途上で花巻に立ち寄った盛岡藩の殿様に献上した郷土名産のそばが始まりであるという逸話が伝えられている。その際、そばが殿様の口に合うのかよくわからないので、ひとまず一口分を漆塗りのお椀に入れて差し上げたところ、殿様が大変気に入って何杯もお代わりをしたという。

「そば振る舞い」という風習が由来であるという説もある。この地方では冠婚葬祭などの最後の締めに、集まった大勢の村人に地主がそばを振る舞う風習があった。そのとき、茹でる量が限られることから一度に全員にそばを出すことが難しく、小さな椀で少量ずつ何回にも分けてそばを出すようにしたのだ。その間にもそばを茹で続け、もっと食べたい人にはお代わりを出した。

そばのお代わりの方法は地域により様々だったが、現在、テレビなどでよく見るような**給仕が隣に付き、掛け声とともにそばを次々と小椀に放り込むスタイルのわんこそば**が広まったのは戦後のことである。盛岡市内のあるそば屋がこのスタイルのわんこそばを商品メニュー化し、その後、このスタイルを踏襲した店が増え、今ではユーチューブ上に紹介され、国内はもちろん海外からも注目を集めるようになった。

なお、岩手県には、わんこそばの他にも朝鮮半島の伝統料理をアレンジした**盛岡冷麺**や中華麺風のうどんの**じゃじゃ麺という独特の麺料理もあり**、**わんこそばと合わせて「いわて三大麺」や「盛岡三大麺」**と呼ばれ、グルメ雑誌などのメディアに注目されている。

21

江戸そば御三家

江戸っ子のソウルトフード
藪《やぶ》そば・更科《さらしな》そば・砂場そば

上方落語に「時うどん」という小咄《こばなし》があるが、明治の中頃、三代目柳家小さんはこれを「時そば」として江戸落語にアレンジした。うどんをそばに替えたのは、そばこそが江戸っ子のソウルフードだったからだ。江戸末期には江戸市中には３７００軒ほどのそば屋があったほど、そばは江戸の人々にとって人気の食べ物だった。

江戸でそばが食べられるようになったのは、江戸時代中頃で、小麦をつなぎに使うことにより、**そば切り**が普及した。**そば切りは茹で上がるまでの時間が短く、注文するとすぐに出てきて、素早く食べることができ、気の短い江戸っ子に向いていた**ようだ。そばには米に不足するビタミンＢ１やミネラルが豊富に含まれており、「江戸患《わずら》い」と呼ばれていた脚気《かっけ》の防止にそばの栄養分が有効だったことも関連しているという説がある。ただ、今では明らかな事実だが、この時代にそばの栄養まで庶民が理解していたのかどうかは疑問だ。

あと、江戸周辺では米や小麦はあまり穫れなかったが、**収穫までの日数が短く、荒れ地でも育つそばが練馬や板橋など江戸の近郊で広く栽培されていた**ことも江戸にそばが広く浸透したことの理由だ。江戸時代後期には甲州（山梨県）や信州（長野県）のそば粉も使われるようになった。

江戸で作られ、江戸っ子が食べたそばには「**藪**」「**更科**」「**砂場**」という3つの系統がある。どの系統も1軒のそば屋から始まり、親族や弟子に暖簾《のれん》分けされ、江戸市中に広がった。この3系統は「**御三家**」と呼ばれ、それが現代にも伝統として受け継がれ、「藪そば」や「更科そば」を屋号に使う店も多い。

藪そば

江戸時代中頃、雑司ケ谷《ぞうしがや》（現豊島区）の鬼子母神《きしもじん》の近くに藪に囲まれた1軒のそば屋があり、この店のそばがうまいと評判となった。これが藪そばの名の由来とされている。藪そばは、そばの実の外側にある甘皮を取らずに挽くため、そばの色が薄緑色をしているのが特徴だ。それに合わせてつゆも濃いめに仕立てるのが伝統である。

虎ノ門大坂屋砂場提供

更科そば

信州高遠《たかとお》藩保科《ほしな》家の御用商人だった堀井清右衛門が、麻布（現港区）に「信州更科《さらしな》蕎麦《そば》所《どころ》」の看板を掲げたのが「更科」の創業とされている。そばの産地である信州では「更級」と書くが、保科家にちなんで江戸では「更科」とした。更科そばは、そばの実の中心だけを打つ真っ白な麺が特徴である。一口目はそばつゆを付けずに食べてそば本来の味を楽しみ、その後は少しだけつゆを付けて食べるのが更科そばの食べ方だそうだ。

砂場そば

ちょっと意外だが、砂場そばのルーツは大坂（現在は大阪）にあったうどん屋だ。大坂城築城の際の資材の砂置き場の近くに店があったことから砂場と呼ばれ、江戸時代中頃に江戸に進出するとそばを売るようになった。「ざるそば」と「もりそば」を打ち分けるのが特徴で、「ざる」はそばの実の中心の粉を卵水で、「もり」は甘皮を含んだ粉を水だけで打つ。なお、大阪には砂場の名を受け継ぐ店は残っていない。

そば打ちの際、戸隠そばは四角ではなく、丸伸ばしする。

22

信州そば

全国の名物そばのルーツは信州にあり

　そばと言えば、日本独特の伝統食というイメージがあるが、その原産地は中国奥地のチベット付近とされ、現在、中国・ロシア・ウクライナ・アメリカなどと世界各地で食用に栽培されている。その食べ方は日本とは異なるものの、これらの国のそば生産量は日本よりもはるかに多い。

　日本では、そばは稲作よりも古く、島根県や高知県の遺跡からは1万年以上も昔のそばの花粉が発見されている。ただ、そばは殻が硬く脱穀が困難だったため、米のように主食にはされず、昔は飢饉などに備えてわずかに栽培される程度の雑穀だった。

鎌倉~室町時代には、禅僧の往来や貿易によって中国から伝わった石臼を使った脱穀や製粉の技術が進み、そば粉を溶いたものを茹でた**そばがき**や**そば団子**が食べられるようになる。そば切りつまり今のようにそばを細長く切って麺状にする食べ方は、諸説あるが、安土桃山時代に信州(長野県)で始まったという説が有力だ。信州西部の木曽大桑村にあった常勝寺で、1574年にそば切りが振舞われたという文献が残っている。

長野県は、人口10万人あたりのそば屋の数が全国一の44・54軒で全国平均14・92軒の約3倍、信州と呼ばれた頃から日本を代表するそば処である。長野県は3000m級の山々に囲まれ、山間地や高冷地が多く、米や麦の栽培には不向きだったが、**厳しい気象条件の荒れ地でも短期間に成長し、この地方の寒暖差のある気候が生育に適している**そばが、江戸時代にはすでに各地で広く栽培されていた。今もそば処として知られる戸隠《とがくし》、柏原《かしわばら》、飯山《いいやま》、更級《さらしな》、開田《かいだ》、高遠《たかとお》などは当時からそばの名産地であった。**信州そば**というのは、これら長野県内で作られ食べられるそばの総称である。そばの実の挽き方、打ち方、盛り方は産地ごとの特色があり、その種類はざっと30ほどあるという。

国内には長野県以外にも有名なそばの産地が各地に見られるが、そのルーツを探ると、意外にも信州そばに行き着くところが多い。**江戸時代、信州の大名たちが国替えになった際に、信州のそば職人たちを新しい領地に連れて行ったから**だという。後述の福島県の**会津そば**、兵庫県の**出石《いずし》そば**、島根県の**出雲《いずも》そば**などがそうである。

まだまだあるご当地そばいろいろ

会津そば

福島県

寒冷の会津地方ではそばは古くから栽培されており、そばがきやそば団子として食べられていた。今に伝わる会津そばは、１６４３年、信州高遠の領主保《ほ》科《しな》正之《まさゆき》が会津に国替えになった際、無類のそば好きだった正之が高遠からそば職人を会津に連れてきたことがルーツとされる。大根おろしの絞り汁で食べる特徴やそば打ちの技法などは信州高遠のそばと共通している。

へぎそば

新潟県

新潟南部の魚沼地方では、江戸時代から一般家庭でそばが打たれていた。ふのりという海藻をつなぎに使ったそばを、杉などの薄い板で作ったへぎと呼ばれる四角い器に一口大に丸めて盛りつけるユニークなそばだ。通常、つなぎに使うのは小麦だが、冬に豪雪に覆われるこの地方では小麦は栽培されず、代わりにこの地方で盛んな織物業で仕上げの糊付けに使っていたふのりをそばのつなぎに使うようになった。

越前そば

福井県

©公益社団法人 福井県観光連盟

戦国時代にはすでに兵糧食としてそばが栽培されていたが、1601年、越前府中の領主となった本多富正《ほんだとみまさ》が京都からそば職人を連れてきたことにより、そば切りが領内に広まった。戦後、昭和天皇が福井を訪れた際に大根おろしの出汁で食べたそばを「越前のそばは美味しかった」と仰せられたことから「越前そば」と命名された。

出石《いずし》そば

兵庫県

1706年、信州上田から出石に国替えになった仙石政明《せんごくまさあきら》が上田からそば職人を連れてきたのが始まりだ。昭和30年代、出石焼きの白磁の小皿に盛り付ける今の「皿そば」のスタイルが完成した。

（農林水産省「うちの郷土料理」）

出雲そば

島根県

1638年、松平直政が信州松本から出雲松江に国替えになった際、松本からそば職人を連れてきたことにより、そば切りの技法が伝わり、松江や出雲大社の門前を中心に広まった。割子という円形の漆器に入れたそばに直接つゆをかけて食べるのが特徴だ。

伝統の天日干風景

23 三輪そうめん

1300年昔のそうめん発祥の地

国内のそうめん生産量第1位は、揖保《いぼ》乃糸で知られる兵庫県、第2位は島原そうめんの長崎県である。この2県で全国の約7割を占めており、奈良県は第3位だがそのシェアは8％ほどに過ぎない。それでもそうめんといえば奈良の三輪そうめんを思い浮かべる人が多い。なぜなら、奈良県の三輪地方（桜井市）こそがそうめんの発祥地であり、かつてはこの地が日本一のそうめん産地であったからである。

三輪そうめんは、奈良時代に遣唐使が中国から持ち帰った「索餅《さくべい》」がルーツとされている。文献には「麦縄」という和名が表記されており、もち米の粉をこね、縄状に細く延ばしたとされるが、詳細は不明だ。

鎌倉～室町時代には、石臼を使った脱穀や製粉の技術、油をつけて麺を細く引き伸ばす技法が中国から伝わり、現在のような形や製法が形成され、素麺と呼ばれるようになった。素麺は中国語では「スーミェヌ」と発音し、これが「そうめん」の語源とされる。〝素〟は精進物を意味し、寺院の間食として広がったが、まだ庶民の食べものではなかった。

そうめんが庶民の口に入るようになったのは江戸時代になってからだ。大神《おおみわ》神社の門前町であった三輪は、江戸時代に入り、庶民の間に伊勢参りが流行するようになると往来する旅人が増え、伊勢街道の宿場町として栄えた。そうめんは三輪の名物となり、「大和の三輪そうめんは日本一」と絶賛される。三輪地方の水はけのよい扇状地では**良質の小麦が生産され、冬の厳しい寒さと晴天が多いこの地方の気候は、手延べのそうめん作りには最適であった。**

三輪のそうめん作りの技法は、小豆島（香川県）や播磨（兵庫県）、さらに島原（長崎県）に伝えられ、やがてそれらの地方も日本を代表する手延べそうめんの産地に発展する。

なお、そうめんは冷やしてめんつゆにつけて食べるのが一般的だが、三輪地方では冬にはそうめんを温かく煮て食べる。**にゅうめん**という。漢字では「煮麺」と書き、「にるめん」が訛って「にゅうめん」になったそうだ。

24

沖縄そば

沖縄旅行をした人の約7割が食べた人気グルメ

独自の食文化が根ざす沖縄には個性豊かな食べ物が多い。そんな沖縄グルメを語るとき、外すことができないのが**沖縄そば**だ。人口約150万人の県内には沖縄そばを提供する店が約2000軒、1日に15～20万食が消費されている。さらに、県の統計によると2022年に沖縄を訪れた旅行者のうち、67％の人が沖縄そばを食べたという。

沖縄そばは14～15世紀頃の琉球王朝時代に中国から伝来した麺料理がルーツとされている。ただ、その時代には、そばは王族や貴族など一部の人たちだけが食べることができる宮廷料理だった。そばが沖縄で一般にも広まったのは明治以降、那覇市内に中国人がそば屋を開業するようになってからだ。大正から昭和になる頃にはそば屋の数も増え、そばは庶民が手軽に食べられる県民食として定着するようになった。

なお、**沖縄のそばはそば粉を使っておらず、小麦粉を使った中華そばの部類**になり、当時は支那そばや唐人そばと呼ばれていた。沖縄そばの呼称が一般化するのは戦後になってからだ。**ソーキそば**をメニューにしている店もある。オーソドックスな沖縄そばには豚の角煮をスライスした三枚肉がトッピングされているが、三枚肉の代わりに柔らかく煮込んだスペアリブをトッピングしたのがソーキそばである。それ以外の出汁や麺、トッピングには特に違いはない。トッピングや産地の違いによって、**てびちそば、ゆし豆腐そば、八重山そば、宮古そばと呼ぶそばもあるが、ソーキそばも含め、総じて沖縄そばである。**

1972年、沖縄は本土復帰を果たすが、このあと、沖縄そばに予想外の危機が訪れる。国内の生麺に関する規約では「そば」という名称を表示するには、原料にそば粉を30％以上使用していることが条件である。しかし、沖縄そばはそば粉をまったく使っておらず、それでは「そば」とは呼べないと公正取引委員会が沖縄そばという呼称を問題視したのだ。沖縄そばは沖縄県民のソウルフードといっても過言ではない。当時の沖縄製麺協同組合の理事長は、県民に親しまれている沖縄そばの名を守ろうと何度も東京へ出向いて交渉を重ね、78年、特殊名称としてようやく沖縄そばの名称が認可された。その認可が下りたのが10月17日であったことから、現在、沖縄県はこの日を「沖縄そばの日」に制定している。

第3章 全国各地の人気B級グルメ

B級グルメとは、A級すなわち高級な料理ではなく、日常的に食べられている手頃な価格の庶民的な料理のことをいう。

この言葉は1980年代に生まれたが、2006年に始まった「B級ご当地グルメの祭典！B-1グランプリ」によって、広く使われるようになった。

（農林水産省「うちの郷土料理」）

25 八戸《はちのへ》せんべい汁

そのルーツは冷害対策

B級グルメはその成り立ちにおいて2つのタイプに分けられる。**その土地の人々に長く親しまれてきた伝統型**と、まちおこしなど地域振興の目的で新たに考案された**開発型**である。**八戸せんべい汁**はその前者だ。

八戸市のある青森県の太平洋側は、夏には冷涼な季節風が吹くため、冷害に見舞われることが多く、江戸時代、この地方ではその対策として、小麦粉を練って囲炉裏で煎餅《せんべい》状に焼いたものを保存食としていた。明治になると、鉄製の煎餅焼器が普及し、堅《かた》焼《や》きの煎餅が作られるようになり、この**堅焼き煎餅を割って、味**

噌汁に入れたり、肉や野菜と一緒に鍋に入れて煮込んだのがせんべい汁の始まりだ。せんべい汁は、八戸地方の家庭料理として次第に定着し、今では従来の堅焼き煎餅ではなく、汁を吸っても煮崩れせずモチモチした食感が失われない「おつゆせんべい」や「かやきせんべい」と呼ばれるせんべい汁専用の煎餅が使われるようになった。

2000年代に入ると、東北新幹線の八戸駅開業をきっかけに、それまでは家庭だけで食べられていたせんべい汁を八戸の名物としてブランド化し、まちおこしに役立てようという動きが高まり、ボランティア団体「八戸せんべい汁研究所」が発足する。八戸せんべい汁研究所の活動はせんべい汁のPRだけにとどまらず、せんべい汁をツールとして、八戸の情報を発信し、住みやすい街、行ってみたい街として、八戸の魅力を全国の人に知ってもらうことも目的としている。

2006年、八戸せんべい汁研究所は、全国からB級グルメが集結する「B級ご当地グルメの祭典B-1グランプリ」を企画プロデュースし、第1回大会を八戸市で開催する。残念ながらこの第1回大会では、八戸せんべい汁は第4位だったが、第2〜4回の大会では連続して第2位、第7回大会では念願の第1位のゴールドグランプリを獲得する。

B-1グランプリの成果により、八戸せんべい汁の知名度は全国に広がり、せんべい汁を提供する飲食店が急増する。現在、八戸市内だけでも200以上の店舗でせんべい汁を食べることができる。総務省の分科会の報告では、2010年度の「八戸せんべい汁」の経済波及効果は563億円と試算されている。

（© 横須賀市）

26

よこすか海軍カレー

日本海軍とカレーの意外な関係

Ｐ86で示したB級グルメの区分では、**よこすか海軍カレー**は開発型になるだろう。横須賀は、明治以降、海軍とともに歩んできた街だ。現在も米軍基地や海上自衛隊基地が置かれているが、今、横須賀ではかつての**日本海軍の軍隊食だったカレーライスを再現した「よこすか海軍カレー」**が人気グルメとなっている。

このカレーが生まれたのは1998年、この年に退官することになった海上自衛隊横須賀地方総監が、退官の挨拶で「カレーライスが今日のように広く普及したのは旧海軍がカレーを軍隊食に採用していたからだ。海軍の街だった横須賀の活性化のためにカレーを利用してみてはどうか」と語ったことがきっかけだ。早速、市当局と商工会議所、海上自衛隊の３者の協力により、横須賀のまちおこしプロジェクトとして、海軍カレーの開発に取り組むことが決まる。新たな海軍カレーは、日本海軍の軍隊食のレシピ本である「海軍割烹《かっぽう》術参考書」に記載された調理法をもとに作り、**牛乳とサラダを添えて提供**することを原則とした。１９９９年に15事業者でスタートしたこのプロジェクトには、現在、飲食店やレトルト食品販売業者など約１００の事業者が参加している。

カレーライスが海軍の軍隊食に初めて採用されたのは１８８４（明治17）年である。当時、海軍ではビタミン欠乏症の一種である脚気《かっけ》の発症に悩まされており、**栄養不足を改善する対策としてイギリス海軍のカレーを参考にして、肉や野菜などをバランスよく摂ることができるカレー**を採用することになったのだ。イギリス海軍ではパンをカレーシチューに浸けて食べていたが、パンは日本人には馴染まないので米飯にとろみを付けたカレーをかけて食べるようにした。以後、海軍ではカレーライスが軍隊食として定着する。

ただ、ここで誤解を避けたいことがある。このときに海軍がカレーを採用したことが日本のカレーのルーツと思われがちだが、そうではない。明治初頭にはすでにカレーをメニューに取り入れた洋食店が各地に出現し、札幌農学校に赴任した「少年よ大志を抱け」の言葉で有名なウィリアム・クラークは、生徒たちにカレーを薦めていたという逸話もある。国内にカレーが徐々に広まる中で、海軍が軍隊食に取り入れたのが事実のようだ。

また、カレーを採用したのは海軍であって、横須賀の海軍基地に限ったことではない。当時、海軍基地は舞鶴（京都府）、呉（広島県）、佐世保（長崎県）などにもあり、現在、これらの市でも海軍カレーを使ったまちおこしが行なわれている。

余談をもう一つ。これも誤解している人が非常に多いが、「海軍（海上自衛隊）では、航海中でも隊員が曜日を忘れないように、週末（土曜日、今は金曜日）には、カレーを昼食メニューにしている」という話を聞いたことはないだろうか。話としてはおもしろいのでまことしやかにそのように語られているが、これも誤りだ。週末の昼食メニューにカレーが多いのは事実だそうだが、これはかつて土曜の午後が休みだった頃、カレーなら半日の勤務時間内に調理や片付けが簡単に済ませられたからである。それに、今でこそカレールーを使えば簡単に作ることができるカレーだが、そもそも戦前の海軍時代には、多くの香辛料を必要とするカレーをそう頻繁に供することはできなかった。

ところで、今やカレーは国民食、朝日新聞出版の情報サイト『AERA dot.』はよこすか海軍カレーの他にも全国各地の次のユニークなご当地カレーを紹介している。

○北の大地で独自の進化！ **札幌スープカレー**（北海道）
○オムライスとカレーの最強タッグ！ **富良野オムカレー**（北海道）
○カレールーの上にソースカツ！ **金沢カレー**（石川県）
○カレー×チーズ×たまごの協奏曲！ **門司港焼きカレー**（福岡県）

（有限会社マルモ食品工業提供）

27 富士宮焼きそば

日本一有名なB級グルメ

B級ご当地グルメの祭典！B-1グランプリの第1回大会、第2回大会を連覇した富士宮やきそばは、B級グルメの代名詞的存在となっている。富士宮やきそば以外にも、それまでは全国的にはほとんど無名だった多くのB級グルメがB-1グランプリによって、その名を全国に知られるようになった。そんなB級グルメの成功条件として、ある経済専門家は次の4項目を示している。

① 安く気軽に買え、他とは一味違う旨さ

② 地元の人に愛されること、観光客より常連客

③ 適度な地産地消、高級食材を使わない

④ 地域の活性化を目指すNPO的な組織の存在

これらの条件はもちろん富士宮やきそばにも当てはまる。富士宮やきそばは、**終戦後、中国から引き揚げてきたある製麺業者が、台湾ビーフンの再現を目指し、試行錯誤を繰り返して作り出した焼きそばがルーツ**とされている。コシのある蒸し麺の食感と、地元産なので入手しやすく、地元の人にも馴染みの肉かすやイワシの削り粉を使っているのがこの焼きそばの特徴である。市内の製糸工場で働く女工さんが安く食べられる昼食として、子どもたちが近所の駄菓子屋で小遣いで手軽に買えるおやつとして、何度食べても飽きない旨さが富士宮の人々に親しまれてきた。

人口1万人あたりの焼きそば店の数は他都市では平均3～4軒なのに対し、富士宮は12軒と格段に多い。富士宮のまちおこしを模索していたグループが、このことに着眼する。**「ラーメンでまちおこしをしている所はよく聞くが、焼きそばでまちおこしをしている所はまだない。それならば富士宮は焼きそばでまちおこしをしよう」**と、2000年、市内の有志が連携して**「富士宮やきそば学会」**が設立される。

お金を使わない情報発信、メディアを徹底して利用することを戦略とし、富士山の高さにちなんで「ギネスに挑戦する3776人の焼きそば作り」や、秋田県横手市や群馬県太田市と連携して「三者麺談」や「三国同麺」など話題作りのイベントを次々と実施し、テレビや雑誌で取り上げられることによって認知度のアップを図った。そして、B‐1グランプリの連覇により、富士宮やきそばはB‐1グランプリの殿堂入りの栄誉を得て、今や日本一有名な焼きそばといっても過言ではない。

過去のB-1グランプリ

回・年度	開催地	ゴールドグランプリ	出展団体数
第1回大会（2006）	青森県八戸市	富士宮やきそば学会（静岡県富士宮市）	10
第2回大会（2007）	静岡県富士宮市	富士宮やきそば学会（静岡県富士宮市）	21
第3回大会（2008）	福岡県久留米市	厚木シロコロ・ホルモン探検隊（神奈川県厚木市）	24
第4回大会（2009）	秋田県横手市	横手やきそば暖簾会（秋田県横手市）	26
第5回大会（2010）	神奈川県厚木市	皆様の縁をとりもつ隊（山梨県甲府市）	46
第6回大会（2011）	兵庫県姫路市	ひるぜん焼そば好いとん会（岡山県真庭市）	63
第7回大会（2012）	福岡県北九州市	八戸せんべい汁研究所（青森県八戸市）	63
第8回大会（2013）	愛知県豊川市	浪江焼麺太国（福島県浪江町）	64
第9回大会（2014）	福島県郡山市	十和田バラ焼きゼミナール（青森県十和田市）	59
第10回大会（2015）	青森県十和田市	熱血！勝浦タンタンメン船団（千葉県勝浦市）	56
特別大会（2016）	東京都江東区	あかし玉子焼きひろめ隊（兵庫県明石市）	56
第11回大会（2019）	兵庫県明石市	津ぎょうざ小学校（三重県津市）	55

B-1グランプリは「B級ご当地グルメの祭典」として発足したが、2013年より「ご当地グルメでまちおこしの祭典」と名称を変更し、B級グルメの日本一を決めるイベントではなく、ご当地グルメによるまちおこしイベントと位置づけている。「B-1」の〝B〟は「Brand」の〝B〟と再定義している。

28

たこ焼き

たこ焼きのルーツ 3つの食べ物とは

「大阪といえば」で思い浮かぶものはナニ？　あるネット調査で全国の3000人が答えた第1位は、USJや大阪城を抑えて、なんと**たこ焼き**だった。何せ大阪にはファミリーレストランの8倍の数のたこ焼き店があり、「一家に一台たこ焼き器がある」といわれる土地柄だ。たこ焼きは自他共に認める大阪人のソウルフードである。

たこ焼きは昭和の初めに大阪で生まれたとされているが、実はたこ焼きには原型となる3つの食べ物があった。

まず、**ちょぼ焼き**である。ちょぼ焼きは、たこ焼き器のように窪みがいくつもある銅製の鍋に、水で溶いたメリケン粉を流し込み、紅ショウガや刻んだたくあんなどの具を入れて一口大に焼いた食べものだ。関西では、明治末から大正にかけて、子どもたちのおやつとして広まった。

大正の末頃になると、現在のたこ焼きのようにまん丸い**ラジオ焼き**が登場する。当時の文明の最先端であったラジオがその名の由来で、味噌風味のコンニャクや牛のすじ肉など店ごとに様々な具材が使われていた。

そんな頃、肉入りのラジオ焼きを出していた大阪玉出のある店で、客の一人が**「この店は肉かいな。明石ではたこを入れとるで」**とつぶやく。卵を使ったとろとろの生地に具はタコのみという**明石焼き**（地元では玉子焼きと呼ぶ）は、今では全国に知られているが、明石焼きが生まれたのは江戸時代後期の天保年間、たこ焼きよりもずっと古い。客のこの一言をヒントに、目新しい具を模索していたその店では、ラジオ焼きでも明石焼きでもないタコを具にした新しい粉もんを店に出すようになった。たこ焼きの誕生である。

なお、当時のたこ焼きは生地に醤油で風味付けをするくらいで、何もつけずに食べていた。**現在のようにソースを塗って、青のりや削り節を振りかけるスタイルのたこ焼きが確立するのは昭和30年以降である。**その転機は**とんかつソース**の登場だ。とんかつソースはとろみがあるので生地にはしみ込まず、テリとツヤがたこ焼きを美味しそうに見せ、また、生地に味付けをする必要がなくなったので、露店でも作りやすくなった。たこ焼き店は一気に増え、当時、大阪市内には5000店ほどあったという。ただ、市内の繁華街のたこ焼き店は今も賑わっているが、郊外の駄菓子屋タイプの店が減りつつあるのは残念だ。

29 広島風お好み焼き

納得！だからお好み焼きなんだ

江戸時代後期、江戸の子どもたちは、砂糖や蜂蜜を入れて溶いて甘くした小麦粉を、火鉢に載せた鉄板の上で様々な文字の形に焼いた**文字焼き**を食べて、文字を覚えていたという。明治になると、文字焼きは訛って**もんじゃ焼き**と呼ばれるようになり、大正に入った頃にはキャベツなどの具を入れるようになった。もんじゃ焼きが今では東京下町の粉もん料理として多くの人に親しまれていることは周知の通りである。

ただ、もんじゃ焼きは生地が緩いので、持ち帰ることができなかった。そこで、**生地の水分を抑えて、固**

めに焼き、入れる具材をイカ天、干しエビ、するめ、牛肉など多彩なメニューの中から自由に、つまりお好みに選ばせたのがお好み焼きの始まりとされている。

大正半ばには、お好み焼きは東京から全国各地に広まり、関西では一銭洋食と呼ばれて、子ども向けのおやつとして普及する。水で溶いた小麦粉をクレープ状に焼き、ネギや粉がつおなどの具をのせてソースを塗っただけのシンプルなものだが、当時は、ソースをかけた料理はみんな洋食であり、一銭で買える洋食という意味で一銭洋食と呼ばれた。

昭和の初めには、広島でも一銭洋食は子どもたちに人気となる。そして、戦災からの急速な復興が進んだ1950年代、一銭洋食の作り方をベースに安価なキャベツやもやしなどの野菜や海産物をのせたボリュームたっぷりのお好み焼きを提供する屋台が市内に現れる。その後、大人も満足できる食べものとして、麺や卵、肉が加えられるようになり、60年代には現在のような広島風お好み焼きのスタイルが確立する。

そして、山陽新幹線が広島に延伸開業し、さらに広島カープが初優勝した70年代になると、広島のお好み焼きはメディアや観光客から次第に注目を集めるようになる。それまで、お好み焼きといえば、全国的には材料をすべて混ぜてから焼く関西風が主流だったが、今では、生地と具を混ぜずに重ね焼きをする広島風お好み焼きを好む人も増えた。

タウンページに登録されている人口10万人あたりのお好み焼き店の数は、兵庫県の15軒や大阪府の10軒に対して広島県は40軒、ダントツの日本一である（2023年）。

30

シシリアンライス

シシリアンってナニ？

意外なところでご当地グルメが話題となっている。それは地方で行なわれる将棋や囲碁のタイトル戦の際の棋士たちの食事だ。マスコミは勝負飯と呼んだりするが、２０２３年に佐賀県嬉野《うれしの》市で実施された王位戦で藤井聡太王位が昼食で食べたのがシシリアンライスだ。「シシリアンライスって何なんだ？」とちょっとした話題になった。

シシリアンライスは、炒めた肉と生野菜をご飯の上に盛り付け、網状にマヨネーズをかけた料理で、１９７０年代半ばに、佐賀市内の喫茶店で出されていたまかない料理がルーツとされている。店ではこの料理をシシリアンライスと名付けてメニューに加えるようになり、いつしか佐賀市内を中心に多くの喫茶店や飲食店がシシリアンライスを提供するようになった。

近年、全国各地でご当地グルメによるまちおこしが活発だが、佐賀県には名の知られた郷土料理や銘菓と呼ばれるものがなかなか見当たらない。そんなとき、全国的にはまだ無名だったが、佐賀でしか食べることができないシシリアンライスを佐賀の新たな名物料理として広め、佐賀を元気にしようと、官民挙げてシシリアンライスを広める活動が始まった。

2011年には、普及活動の中心となる任意団体「佐賀市はシシリアンライスdeどっとこむ」が設立され、佐賀市長を国王とする「佐賀シシリアン王国」の建国、B-1グランプリへの出展、PRキャラクター「シシリアンナちゃん」のデビューなどの活動を推進する。さらに、シシリアンライスを学校給食に採用したり、県内の高校生がオリジナルレシピを競う「シシリアンライス甲子園」を開催したりするなど、地域との結びつきを深め、今ではシシリアンライスは佐賀県民の新たなソウルフードとなっている。

なお、シシリアンライスという風変わりな名の語源は、当時の人気映画『ゴッドファーザー』の舞台である地中海のイタリア領シシリー島にちなんだという説が知られている。しかし、この島にこのような料理はなく、語源には他にも諸説あって真相は不明だ。

シシリアンライスのようなライス系のB級グルメは**ご当地ライス**と呼ばれる。**高度経済成長時代を**

経て、日本人の食生活が多様化し、豊かになった1960〜80年代、全国各地にユニークなご当地ライスが相次いで登場した。それらのご当地ライスは、その土地の飲食店が自店の看板料理にするために考案し、それが人気となって地域に広まったという特徴がよく似ている。さらに、外国の地名などを使ったユニークな料理名も共通している。ただ、その由来がはっきりしないものが多く、確かな根拠によって命名したのではなく、覚えやすさやイメージを優先したネーミングのようだ。

地域の歴史や文化、自然環境の中で、地域の産物を活用し、風土に合った食べ物として生み出された郷土料理と異なり、それらは、地域の活性化を第一義として発展してきたが、今後どのように地域の人々と関わってゆくのか気になるところだ。

まだまだある各地のご当地ライス

ハントンライス

石川県

1960年代に金沢市で発祥。ケチャップ風味のバターライスに卵と魚のフライをのせ、タルタルソースをかけた料理。ハンガリー料理からヒントを得て、マグロを意味するトン（thon）を合わせた造語という説があるが、ハンガリーに該当する料理はない。

ボルガライス

福井県

1980年頃、越前市で発祥。オムライスの上にカツをのせソースをかけた料理。ボルガというロシア料理、ボルガ川、ボルガという店の名など語源には諸説ある。

トルコライス

長崎県

ピラフ・スパゲッティ・トンカツをワンプレートに盛り付けた料理で、1950年代に長崎市内のある洋食店が考案した。トルコにこのような料理はなく、なぜトルコなのか由来は不明だ。

タコライス

沖縄県

1984年、米軍基地のある金《き》武《ん》町の飲食店の店主が「米兵たちが安くてお腹一杯食べられるように」と考案した。挽肉やチーズ、レタスなどメキシコ料理のタコスの具をご飯にのせたオリジナル料理である。タコライス専門チェーン店「キングタコス」が開業すると、タコライスは沖縄全土に広まり、今では、沖縄そばと双璧を成す沖縄のソウルフードとして、県民のみならず、観光客にも人気が高い。

31

佐世保バーガー

日本のハンバーガー発祥の地

「ハンバーガー」という言葉はドイツ北部の都市ハンブルクに由来する。しかし、ハンブルクで作られていたのはタルタルステーキであり、われわれが知っているハンバーガーではない。バンズと呼ばれる丸い形状のパンに牛肉のパティや野菜を挟んだハンバーガーは、19世紀後半、アメリカで考案されたという説が有力だ。

日本には、1971年にアメリカからマクドナルドが上陸し、東京銀座に1号店がオープンする。これをきっかけに、モスバーガーやロッテリアなども相次いでチェーン店を展開するようになり、70～80年代には日本にアメリカ型のファストフード文化が一気に浸透する。しかし、それよりも20年も早く地域の食文化としてハンバーガーが根付いていた街がある。長崎県の佐世保だ。佐世保にはアメリカの海軍基地があり、１９５０年に大陸で朝鮮戦争が始まると、多くのアメリカ兵が駐留するようになった。そして、基地の近くにはアメリカ兵を相手にした様々な店がオープンする。その中に**米軍関係者からレシピを教えてもらって手作りのハンバーガーを提供**する店が現れたのだ。

これが、日本におけるハンバーガーの発祥とされている。その後、市内にハンバーガーを販売する店が増え、やがて、佐世保の人々の間に日常の食べ物としてハンバーガーは自然に溶け込んでいった。それでも、佐世保に多くのハンバーガー店があることは、長らく地元の人以外には知られていなかった。

２０００年に転機が訪れる。この年、佐世保・横須賀・舞鶴・呉の旧軍港４市が集まって開催されたグルメ交流のイベントで、佐世保のハンバーガーは予想を超える人気を集めた。これをきっかけに、「地域活性化の一翼になれば」と市内の販売店が**佐世保バーガー事業協同組合**を設立し、その普及や広報活動を本格的に始める。佐世保バーガーの知名度は徐々に高まり、さらに組合はブランド維持を図るため、「佐世保バーガー認定店制度」を導入する。**地産地消・手作り・作り置きをしないなどのバーガー作りのコンセプトが認定の基準だが、具材やソースなどレシピには統一の基準は定められていない**。そのため、ハンバーガーの味やサイズは店ごとに違っている。それが佐世保バーガーの人気の理由でもある。

32

肉巻きおにぎり

あの知事のPRでブレイク

近年、注目されるようになったご当地グルメには、名古屋の天むすや佐賀のシシリアンライスのように飲食店のまかない料理がルーツとなっているものが少なくない。宮崎の肉巻きおにぎりもその一例だ。

肉巻きおにぎりは、**醤油だれで味付けをした豚肉の薄切りを巻いたおにぎり**だが、その発祥は、1990年代半ばの宮崎市内のある居酒屋だ。この店では、まかないとして豚肉丼を作っていたが、丼物では店が忙しくなると店員は落ち着いて食べることができない。そこで、おにぎりならば忙しいときでも、仕事の合間にささっと食べることができるだろうと考案されたのが、豚肉を巻き付けたおにぎりだ。その後、店ではこのおにぎりを常連客に提供したところ、「これは美味い」と評判になり、このことに自信を得た店のオーナーは、1997年に肉巻きおにぎりの専門店を市内に開業した。

宮崎の肉巻きおにぎりを全国の人が知るようになったのは、2007年に宮崎県知事に就任したテレビタレントでもある**東国原英夫**《ひがしこくばる》氏の功績が大きい。**東国原知事は、その知名度を活かし、テレビ番組やイベントに出演すると、宮崎県の物産を盛んにPR**したが、肉巻きおにぎりについても「飛行機に乗って食べにきて」と盛んにアピールを繰り返した。テレビ番組やグルメ雑誌も、肉巻きおにぎりを宮崎県を代表するご当地グルメとしてたびたび取り上げるようになり、その頃には首都圏など県外でも販売されるようになった。

ジャパンフードシステム（株）が発表した2024年の**人気空弁のランキングでは宮崎の肉巻きおにぎりは堂々の第1位である**。旨さはもちろん、1箱850円という手頃な価格と、3個入りという小腹を満たすには適度な個数も人気の理由だろう。

なお、当初、このおにぎりは三角形だったが、肉を巻きやすく、また食べやすいようにと現在は俵形が主流である。また、おにぎりを巻く肉には、輸入飼料ではなく、宮崎産の飼料用米を与えて肥育した宮崎のブランド豚「お米豚」のもも肉を使用し、米にも宮崎県産の「ひのひかり」を使用するなど地産へのこだわりもご当地グルメとしての評価を高めている。

33

白くま

鹿児島発祥のアイスです

白くまは、削った氷に練乳をかけ、その上にチェリーやレーズンなどのフルーツをトッピングしたかき氷や氷菓子のことである。ただし、白くまというユニークな名は、後述する「白い恋人」や「赤福」のような特定メーカーの商品名ではない。白くまという名のアイスは、実は全国の多くの製菓メーカーが製造しており、カップ入りやアイスバーなどその種類は200を超え、コンビニやスーパーなど全国どこでも購入することができる。

それほど全国的な食べ物だが、農林水産省が全国の食文化を紹介したWebサイトでは、白くまは鹿児島県の郷土料理として取り上げられている。それは白くまがかき氷として鹿児島で生まれ、今も県内では多くの飲食店が白くまをメニューに載せ、子どもから大人まで幅広い年代から親しまれているからである。

白くまの誕生は昭和初期に遡る。鹿児島市内のある綿屋が、夏の副業として営んでいたかき氷店で、練乳をかけたかき氷を売り出したところ、たちまち評判となり、市内のあちこちの店がこのかき氷を販売するようになったという。白くまという名は、かき氷にかけた練乳の缶に白熊印のラベルが貼ってあったのをそのままかき氷の名にしたことからきているそうだ。

この逸話とは別に、戦後間もない頃、白くまの本家といわれている店舗の創業者がかき氷に練乳をかけることを考案し、このかき氷を上から見ると白熊に似ていたので白くまと名付けたという説もある。

鹿児島で生まれた白くまが、現在のように全国に広まったのは平成に入った１９９０年代だ。バブル期でもあった当時は人々のグルメへの関心が高まっており、市内のメーカーが白くまの全国展開を意識するようになる。これを後押ししたのが、**冷凍ショーケースという技術開発、冷凍トラックの普及と鹿児島まで高速道路が延伸したことによる冷凍物流の進歩**である。そして今や白くまは鹿児島のみならず、日本の夏の風物詩の一つになった。

なお、最近、鹿児島には黒蜜をかけた「黒くま」、ドラゴンフルーツ味の「赤ぐま」、マンゴー味の「黄ぐま」と呼ぶかき氷もあるらしい。

勝浦タンタンメン

千葉県

1954年、千葉県南東部の勝浦港のある大衆食堂が、醤油ベースのスープにラー油をたっぷり入れ、みじん切りの玉ねぎと豚挽肉を入れたオリジナルのタンタンメンを考案した。漁師や海女さんが海で冷えた体を温めようとこのタンタンメンを好んで食べたという。2015年、B-1グランプリで優勝すると、勝浦は東京からのアクセスもよいため、多くの人がタンタンメンを求めてやってくるようになった。

行田《ぎょうだ》ゼリーフライ

埼玉県

（農林水産省「うちの郷土料理」）

お菓子のゼリーとは別物で、パン粉を付けずに揚げた衣のないコロッケのような食べものだ。明治末、日露戦争に出征していた市内のある茶屋の店主が、帰国後、中国で食べた野菜まんじゅうをイメージして作ったといわれている。昭和に入ると、行田の主要産業だった足袋《たび》工場の女工さんのおやつとして広まり、以来、行田市民のソウルフードとして大人から子どもまで幅広く好まれている。ゼリーフライという名称は、小判形であることから「銭フライ」といわれていたものが「銭」が訛って「ゼリーフライ」になったという説がある。

イタリアン

新潟県

ミートソースやトマトソースをかけてフォークで食べるいわば洋風焼きそばである。1960年頃、新潟市内の喫茶店のオーナーが考案し、ほぼ同じ時期に、このオーナーと親交があった長岡市内の飲食店でも提供されるようになった。新潟県民にとっては当たり前の食べものだが、県外へ出て、初めてこれが新潟だけの食べものだったと気付く人がいるという。

そばめし

兵庫県

そばめしは、1955年頃、神戸市長田区のあるお好み店で生まれた。当時、近くのシューズ工場で働く従業員らは持ってきた弁当の冷めたご飯をこの店の鉄板で温めて食べていた。ある日、その一人が店主に「この冷や飯をそばと一緒に炒めてくれへんか」と頼んだのが始まり

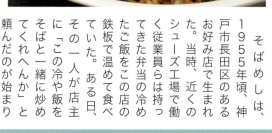

で、これがこの店の常連客の裏メニューとして評判になり、神戸市内にはそばめしを提供する店が増える。

1995年の阪神・淡路大震災で長田区は壊滅的な被害を受けたが、その後「震災から食のまちへ」をキャッチフレーズにし、そばめしを神戸の新名物としてPR展開し、大手食品メーカーも冷凍食品のそばめしの販売を始めると、メディアにもそばめしが取り上げられるようになった。

津山ホルモンうどん

岡山県

津山は1000年以上も前から和牛の流通拠点として栄え、肉食が禁止されていた明治以前でも、「養生《ようじょう》喰い」と呼び、牛肉を食べる風習があった。現在も津山には設備が充実した食肉処理場があり、新鮮な肉が入手できる。地元ではホルモン焼きが人気だが、そのシメにうどんを入れて食べていたのが、ホルモンうどんの原型だ。

第4章 全国各地で売れ筋の定番グルメ

その土地ならではのグルメに接することは、旅行者にとって大きな楽しみだ。それが、伝統の銘菓であったり、人気の洋菓子であったり、その土地でしか味わえないこだわりの弁当や食べ物であったりする。

駅やサービスエリアの売店で、旅行者にはどのようなグルメ商品が人気だろうか。

（石屋製菓株式会社提供）

34 白い恋人

もらうとうれしい ご当地銘菓第1位

「白くま」（P106）や「東京ばな奈」（P117）もそうだが、商品名は消費者のブランドイメージを高める大きな要素である。**白い恋人**も、雪国北海道をイメージするエレガントなネーミングであり、今では北海道NO・1のご当地銘菓として多くの人がその名を知っている。2024年、ねとらぼ調査隊が実施した全国の男女を対象にしたアンケート調査**「もらったらうれしいご当地銘菓」において、白い恋人は第1位**の栄誉を得た。

白い恋人は1976年に販売がスタートしたが、このロマンチックな商品名は、師走のある日、創業者である石水幸安《いしみずゆきやす》氏が帰宅した際にちらつく雪を見て「ほら、白い恋人たちが降ってきたよ」と何気なく漏らしたつぶやきが由来だという。当時、グルノーブル冬季オリンピックの記録映画『**白い恋人たち**』のテーマ曲が国内でヒットしており、石水氏は雪を見てこの曲を思い浮かべたのだろう。

白い恋人の個装紙には青い空から降る雪の結晶、箱にはアルプスを思わせる美しい雪山（北海道の利尻山）を描くなど、ネーミングだけではなく、パッケージにもこだわり、発売開始後、札幌市内のデパートで順調に売り上げを伸ばす。翌1977年には千歳空港内で販売が始まり、**全日空（ＡＮＡ）の機内食に採用**された。その頃、全日空は「でっかいどお。北海道」のキャッチフレーズで北海道旅行の促進キャンペーンを展開していたが、白い恋人は北海道を代表する銘菓として、一気にその名を全国に知られるようになった。

毎年、ブランド総合研究所が実施している「都道府県魅力度」の調査で、北海道は第1回の2009年以来、沖縄県や京都府を引き離して15年連続で1位に輝いている。地域ブランドとして北海道は群を抜いており、国内外から多くの観光客が訪れる。白い恋人はこの**北海道という地域ブランドの魅力と結びつけた戦略によって成功につながった**のだろう。

（株式会社荻野屋提供）

35

峠の釜めし

食べてみたい駅弁日本一「King of 駅弁」

全国で2000種以上はあるとされる駅弁の中で「King of 駅弁」と呼ばれているのが、荻野屋の「峠の釜めし」だ。2019年に月刊『旅行読売』が企画した**「食べてみたい駅弁」総選挙ではみごとグランプリ**に輝いた。その販売数は年間約270万個、累計では発売開始以来、1億8000万個が販売されているというから日本人は今までに1人1つは食べた計算になる。

峠の釜めしは1958年、信越本線の**横川駅**（群馬県）で販売が始まった。ただ、横川駅と聞いてもこの駅がどこにあるのか知る人は少ない。しかし、北陸新幹線（長野新幹線）が開業する以前、信越本線が群馬県から長野方面まで通じていた頃、横川駅は特急を含め１日に上下約１００本のすべての列車が停車する重要な駅だった。横川駅から次の軽井沢駅（長野県）へ向かうには碓氷峠《うすい》を越えなければならないが、横川駅〜碓氷峠間10㎞の標高差は５５５ｍ、これは１㎞進む間にビル20階相当の高さを上る急勾配であり、この急勾配を上るのにどの列車も補助機関車を連結するため、横川駅に４分ほど停車していたのだ。

荻野屋は、横川駅の開業以来、この駅で駅弁を販売していた。しかし、他の停車駅よりも停車時間が長いにもかかわらず、高崎駅と軽井沢駅という大きな駅に挟まれた山間の小さな駅のため、横川駅で駅弁を買い求める人は少なかった。そこでもっと多くの人に駅弁を買ってもらいたい、そのために旅行者に喜ばれる弁当を作ろうと考案された駅弁が、峠の釜めしである。峠の釜めしのコンセプトは**「温かいご飯であること」「家庭的な温かさがあること」「地方色が豊かであること」**である。従来、駅弁といえば幕ノ内弁当が定番だったが、「温かいものが食べたい」という人たちの要望に応えようとしたのだ。とはいうものの弁当を温かいまま提供するのは並大抵のことではなく、そのためには温かさを保つ容器が必要となる。その開発には数え切れないほど試行錯誤を繰り返したが、そんなとき、駅弁と一緒に販売していたお茶を入れる小さな土瓶を製造していた栃木県の益子《ましこ》焼の会社から紹介されたのが小型の土釜である。こうして**土釜の中に、ごはん、タケノコやシイタケ、栗など郷土色豊かな９種類の具材が入った釜飯**が誕生した。

横川駅

駅弁といえば冷えた弁当という概念を覆した峠の釜めしはマスコミからも注目されるようになり、次第に売り上げを伸ばす。さらに１９６０年代、高度経済成長時代に入って日本はモータリゼーションが進展し、道路整備が進んでマイカーやバスの旅行者が増えてくると、荻野屋は軽井沢への国道沿いに直営のドライブインをオープンする。これは駅での販売だけに依存しないその後の販売戦略の基礎となった。そして１９６７年、荻野屋をモデルにしたテレビドラマ『釜めし夫婦』が放送されると、峠の釜めしは全国の人たちにその名を知られるようになり、日本一有名な駅弁となる。

ところが、１９９７年、北陸新幹線の開業に伴い、信越本線の横川―軽井沢間が廃止されてしまう。碓氷峠を越える路線が廃止されて横川駅は終着駅となり、発着する列車の本数は激減、今では１日の乗降客数はわずか１７０人ほどだ。峠の釜めしは、横川駅以外にも北陸新幹線の安中榛名《あんなかはるな》駅・軽井沢駅・長野駅、さらに東京駅など都内の駅でも販売されているが、駅弁としての販売数はかなり少なくなった。近年は**ドライブインや高速道路のサービスエリア、イベントなど駅以外での販売がメイン**となっており、駅での販売数は今では６%ほどに過ぎない。しかし、長年培われた人気の峠の釜めしは、それでも多くの鉄道ファンや旅好きの人たちにとって「King of 駅弁」として健在だ。

（株式会社グレープストーン提供）

36

東京ばな奈

東京人は意外と食べたことがない東京土産NO・1

1位 **東京ばな奈「見ぃつけたっ」**
3位 **東京ばな奈 ブリュレタルト**
6位 **東京ばな奈のレーズンサンド**
7位 **東京ばな奈ラッコ コーヒー牛乳味**

これは東京駅の人気土産ランキング（キヨスク調べ）だが、上位には**東京ばな奈シリーズ**の商品が並ぶ。東京土産といえば、かつては雷おこし、人形焼き、草加せんべいなどが定番だったが、近年は**東京ばな奈**の人気が群を抜いている。

東京ばな奈は1991年に販売が始まった。地名を冠した土産品は全国に数多く見られるが、**東京という名を使ったのは東京ばな奈が最初**である。東京は全国から様々なバックボーンを持った人が集まった日本一の大都会だ。そんな東京で誰もが親しみや懐かしさを感じる食材は何かと考えたときにたどり着いたのが、りんごやミカンのように国内に既存の産地がなく、**年配の人にとってかつては憧れであり、若者にとっては身近なフルーツ**のバナナだった。一文字〝奈〟を漢字にしたのは、「加奈」「まり奈」など少女の名をイメージしたからだそうだ。

このユニークなネーミング以外にも、東京ばな奈が東京土産を代表するヒット商品になったのは、他にもいくつか戦略があった。まず、店舗の設置場所である。東京ばな奈を販売する店舗の多くは、東京駅や品川駅、上野駅そして羽田空港など、**全国各地からの旅行者が利用するターミナル**にある。東京を離れる前に駅や空港でお土産を購入する旅行者が多いからだ。東京駅だけでも30ヵ所以上、羽田空港でも25ヵ所に東京ばな奈が購入できる店舗がある。販売している店が多ければそれだけ目につきやすい。東京ばな奈を買おうと思っている人はすぐに店を見つけることができる。何を買おうかと迷っている人にも、店の数が多いので目に止まりやすい。買うつもりがない人でも目立てば印象に残り、次には買ってもらえるかもしれない。観光地の土産店でお土産を買う人は、買いもの自体を楽しんでおり、時間をかけて商品を選ぶが、駅や空港で土産を買う人はあまり時間をかけない。そんな人たちには、**店舗数を増やし、とにかく目立たせることが有効**なのだ。

ところで、当たり前のことだが、売れるお菓子の条件はまず第一に美味しくなければならない。他の商品とはひと味違う美味しさが求められる。また、飽きさせないことも重要だ。そこには、東京ばな奈が30年間トップの座を守り続けていたさらなる戦略がある。東京ばな奈といえば、発売開始以来、年間数百万本も売れ続けているカスタードクリームが入った「見ぃつけたっ」がメイン商品である。しかし、マドレーヌ、レーズンサンド、チーズケーキなどが順次販売され、今では**25種類の東京ばな奈シリーズの商品**がある。「見ぃつけたっ」を買った人が、売り場でそんな商品を目にすると「あっ東京ばな奈には□□もあるのだ」と興味を持ち、そこでまた別の商品が売れるのだ。

また、2018年に国際線限定商品としてハローキティとのコラボ商品「ハローキティアップルケーキ」の販売を始めたのをきっかけに、ドラえもんやポケモンなど人気キャラクターとのコラボ商品を次々と東京ばな奈シリーズに加え、売り上げを伸ばしている。

ただ、そんな東京ばな奈だが、意外な盲点がある。それは地元の東京の人たちが東京ばな奈を買うことがあまりなく、一度も食べたことがないという人すらいることだ。元来、東京ばな奈は東京土産として開発された商品なので、駅や空港以外では販売されていないため、東京の人には馴染みが薄かったのだ。そこで、ちょっとしたおやつ感覚で東京の人も手軽に食べられるよう、最近はコンビニやデパート、駅チカのショッピング街でも販売されるようになった。そのような店舗では、2個入りや4個入りの「見ぃつけたっ」や、カレーパンやメロンパンなども売られている。「東京」という名を付けたブランド商品なのだからやはり東京の人々にも親しまれる商品であってほしい。

（合資会社志免屋提供）

37 草加煎餅《せんべい》

日本一有名なご当地米菓

米菓生産高の日本一は米どころの新潟県、第2位が埼玉県である。ただ、新潟県は、米菓でももち米を原料とするあられやおかきの生産が多く、うるち米が原料である煎餅《せんべい》は種類別の統計がないのではっきりしないが、埼玉県が日本一かもしれない。なにせ埼玉県といえば**草加煎餅**、草加市がどこにあるかを知らなくても、草加煎餅は多くの人が知っている。

煎餅の歴史は古く、正倉院所蔵の奈良時代の文献にその製法が記載されている。その頃は米粉ではなく、小麦粉を練って餅状にしたものを、油を引いた鍋で煎って作られ「**煎餅（いりもちひ）**」と呼ばれていたようだ。この煎餅を音読みしたのが「**せんべい**」の語源と考えられる。

ただ、諸説あって**起源の詳細は不明だが、米粉が原料の平たく丸い現在のような手焼き煎餅は、草加で発祥**したと考えられている。かつての草加付近は旧利根川の支流が流れる低湿地で水田が広がり米作りが盛んだった。この地方の農民たちは余った米をついて平たく餅状にし、天日で乾かしたものを焼いて食べ、江戸時代にはこれを煎餅と呼んでいたようだ。やがて、**草加は日光街道の宿場町として栄え、茶屋や物売りが軒を並べるようになると、草加の煎餅は旅人に売られるようになり、街道の名物になった**。

当初、この煎餅は塩で味付けをしていたが、草加の北にある野田（千葉県野田市）で**醤油**造りが盛んになると、醤油を塗って焼き上げた煎餅が人気となる。また、草加は江戸からわずか5里（約19㎞）ほどと江戸に近く、舟で江戸へ運ばれ、草加煎餅として江戸の人々にも好まれた。明治以降も**大消費地東京に近いという地の利**を活かし、地場産業として発展し、大正に入ると、埼玉県に行幸された天皇陛下に県の名産品として献上されたことをきっかけに草加煎餅は多くの人に食べられるようになる。

現在、草加市内には60店ほどの煎餅店がある。しかし、近年は消費者の嗜好の多様化、大手の製菓会社の参入などにより、草加の煎餅作りは厳しい状況にあり、今、草加市では「草加煎餅」という地域ブランドを保護し、その普及、販売促進のため、官民一体で様々な取り組みが進められている。

(株式会社崎陽軒提供)

38 崎陽軒のシウマイ

1日約80万個を製造販売

崎《き》陽《よう》軒《けん》の横浜工場で作られる**シウマイは1日に約80万個**、神奈川県を中心とする1都4県に展開する約190店舗で販売される**シウマイ弁当は1日に約4万2000食**、その売上高はもちろん日本一である。

崎陽軒のシウマイの歴史は古く、その誕生は昭和初期の1928年まで遡る。当時、崎陽軒は横浜駅で弁当を販売していたが、売れ行きはあまり芳しくなかった。下り列車の旅行者の多くは始発の東京駅で弁当を購入し、上り列車の旅行者は終点の東京駅が近くなる横浜駅で弁当を買ってもそれを食べる時間がなかった。また、静岡にはわさび漬け、熱海は干物、小田原には蒲鉾などその土地の名物があったが、横浜には旅行者が買いたくなる名物がなかった。そこで、当時の社長だった野並茂吉が**「ならば駅で売りやすい横浜の名物を作ろう」**との想いで着目したのが、横浜中華街で売られていて当時の日本ではまだ珍しかった焼売《しゅうまい》である。中華料理の軽食である焼売ならば横浜らしい食文化であり、焼売は一口サイズなので列車内で間食として東京までの短い時間に食べることができると考えたのだ。

なお、崎陽軒では焼売を「シュウマイ」ではなく「**シウマイ**」と表記する。栃木県生まれの茂吉が「シュウマイ」とうまく発音できず、それを社員から指摘されたが、いつも栃木訛りで「シウマイ」と発音していた。しかし、崎陽軒の中国人スタッフが「シウマイ」のほうが中国語の発音に似ているというので、崎陽軒では呼称を「シウマイ」の表記に統一したという。「シウマイ」の文字の中には「ウマイ（美味い）」の文字が隠れているという遊び心もあるらしい。崎陽軒という社名は創業者である茂吉の義父の出身地長崎に由来する。崎陽は、江戸時代に漢学者などが使っていた「太陽の当たる岬」を意味する長崎の別称で、この崎陽に駅弁屋の屋号に多い「軒」を組み合わせたのである。

崎陽軒のシウマイは戦後の1950年代に一気にブレークする。そのきっかけとなったのは横浜駅のホームに登場した崎陽軒の「シウマイ娘」だ。華やかな赤いチャイナ服を着た女性たちがシウマイの折詰めを車窓越しに売り歩くと、それまで販売員には男性が多かったこともあって、たちまち人気となった。さらに、シウマイ弁当の販売を始めると、それまで東京駅で弁当を買っていた旅行者が、横浜駅で弁当を買うようになった。

しかし、順風満帆に思えた崎陽軒のシウマイにも危機が訪れる。それは東海道新幹線の開通だ。新幹線は横浜駅を通らず、新横浜駅が開業したものの新幹線の列車では窓越しでの販売ができず、販売方針の転換が必要となった。そこで崎陽軒はシウマイの真空パックを開発し、全国のスーパーなど小売店で販売を始めたのである。「真空パック」という今では普通に使われているこの言葉は、実はこのときに崎陽軒が初めて使った言葉である。

しかし、打開策に思えた真空パック商品の全国販売は、一応の成果を出したものの、どこでも買えるなら横浜名物ではなくなるという声が相次ぐようになり、崎陽軒は「**シウマイは横浜名物の地域ブランド**」という原点に戻ることを宣言し、全国販売を取りやめる。そのため、売り上げは一時的に落ちたが、その後、**神奈川県内の主要駅を中心に店舗ネットワークを広げ、今では地元の人たちも日常的に焼売を食べるようになった。**総務省の家計調査では横浜市民の焼売購入額は年間2612円（2024年）、この金額は全国平均の約2・3倍のダントツの日本一である。

最後に崎陽軒に関連したエピソードをもう一つ紹介する。今では駅弁を買うとお手ふきが付いているのは当たり前のようになっているが、このサービスは崎陽軒が最初に始めた。車内では手を洗えないため、1955年に、崎陽軒が駅弁に簡易お手ふきを添えたことが始まりである。

（株式会社蓬莱提供）

39 551の豚まん

年間販売個数は地球を3・5周

京阪神地区のデパ地下や主要駅の構内にはまずどこでも「551蓬莱《ほうらい》の豚まん」の売り場がある。どの売り場も10〜20人くらいの行列は平日でも当たり前の光景、その人気は絶大だ。1日あたりの販売個数は約17万個、年間では約6200万個、これを1列に並べるとなんと地球3・5周分になるそうだ。

この人気の**豚まん**は、戦後間もない1945年に台湾出身の羅邦強《らほうきょう》が2人の仲間と大阪ミナミで開業した「蓬莱食堂」という中華料理店で、翌46年に誕生した。蓬莱食堂では、当時、神戸の南京町《なんきんまち》で人気だった豚饅頭をアレンジし、日本人好みの味付けをしたボリュームたっぷりの手作り饅頭の販売を始め、商品名も豚饅頭ではなく、語呂がよく覚えやすい「豚まん」とした。蓬莱の豚まんは、徐々に人気を集め、蓬莱食堂の看板商品となり、1952年からは店頭での実演販売も始める。店内でしか食べられなかった豚まんが持ち帰って自宅で食べられるようになり、人気はいっそう高まった。

1963年、蓬莱食堂は3社に分離するが、豚まんの販売を続ける羅邦強は店名の「蓬莱」という漢字は書くにも読むにも難しく、この豚まんを多くの人に知ってもらうには、インパクトのある商品名にしなければと考えた。そんなときに目に入ったのが、自分が吸っていた外国産の「555（スリーファイブ）」というタバコのパッケージの「555」というロゴだった。数字なら万国共通だし、覚えやすい。店の電話番号が551だったことから、「ここ（55）が1番を目指そう！」という意味を込めて名付けたのが「551蓬莱の豚まん」だ。なお、蓬莱とは中国の神話にある不老不死の仙人が住む楽園のことであり、羅邦強の出身地である台湾の異称でもある。

蓬莱はさらに新たな事業展開に乗り出す。それが今も続く**テイクアウト戦略**だ。本店だけでは販売に限界があるが、**デパートやターミナルにも売り場があれば買い物帰りや通勤帰りの人々が気軽に豚まんを購入でき、より多くの人に豚まんを提供できる**と考えたのだ。1957年、大阪市内のそごう百貨店に初めてのテイクアウト専門店を開設すると、その後も各デパートの食料品売場、主要ターミナルの駅構内に出店を続け、1980年代には、京阪神地区のデパートや主要駅のほぼすべてをカバーする店舗ネットワークを作り上げた。

ただし、５５１の豚まんの店舗があるのは、大阪・京都・兵庫・奈良・滋賀・和歌山の2府4県60ヵ所のみで、これらの府県以外には店舗はない。５５１の豚まんは、店内で生地（ネタ）に具（カヤク）を詰めて蒸し上げ、**ホカホカ状態で販売することにこだわり**がある。生地や具は本社のセントラルキッチンから毎日数回に分けて搬入されるが、品質を維持するため、イースト菌の発酵時間や粉を溶く水の温度を本社からの運搬時間を考慮して店舗ごとに綿密に調整しているので、遠隔地で販売することはできないのである。後述の伊勢（三重県）の赤福は大阪市内でも販売されており、京都の生八ツ橋は東京や沖縄でも販売されているのはそれらには賞味期限に余裕があるからであり、５５１の豚まんの場合、**出店は本社から車で2・5時間以内の場所に限定**されている。そのため、どこの店舗でも実演販売が可能であり、ウインドウ越しに店員が手際よく生地を広げ、具を包み込んでいる様子を見ることができる。達人になると1個あたり7・5秒で次々と包み込んでしまう早業に行列の客たちはつい見とれてしまう。

ちなみに、豚まんは全国的には「**肉まん**」と呼ぶ地域が多いが、牛肉消費量が多い関西では、肉といえば牛肉を意味し、５５１の豚まんは牛肉を使用していないので肉まんとは呼ばない。

（株式会社赤福提供）

40 赤福

お土産売上高日本一のご当地銘菓

赤福という名は「偽りのない心で、素直に他人の幸せを喜ぶ」という意味の「**赤心慶福**」という言葉が由来だ。赤福の誕生は300年以上も昔の江戸時代中頃、伊勢神宮の門前で**伊勢参りの人々を、お茶とあんころ餅でもてなしたのが始まり**である。

明治末、鉄道が伊勢まで開通すると、赤福は折詰めにされて山田駅（現伊勢市駅）などで販売され、伊勢の名物としてお土産に広く利用されるようになる。そして、2003年には日経流通新聞の調査において、**全国の数ある土産品の中でも赤福は売上高が日本一**と

なった。

よく売れる土産品には共通する特徴がある。菓子ならば美味しいことなど商品として品質が優れていることは当然だが、まず**地域限定販売が基本**である。その土地へ行かなくても買うことができればそれはもう名物とはいえない。次に、旅行者がその商品を買い求めやすいように、**店舗はより多くの場所にあること**が重要だ。それと**主力商品は1種類**でよい。商品が1種類ならば、製造効率や販売効率が上がり、在庫管理がしやすい。

これらの3つの特徴はこの章で取り上げている他の売れ筋土産にも当てはまるが、とりわけ赤福がその代表だ。赤福が購入できるのは、地元の三重県以外には伊勢方面への多くの旅行者が利用する近鉄特急の発着駅がある大阪や愛知などの近隣の8府県のみだが、店舗は伊勢市内各所の直営店をはじめ、ホテル、駅、空港、サービスエリア、デパート、土産店など多くの旅行者が立ち寄る100ヵ所以上にある。しかし、販売されているのは白い餅にあんこがのった赤福餅ほぼ1種類だ。ただ、近年は消費者の嗜好が多様化し、そのニーズに対応するため、ぜんざいや水ようかんなどの商品を開発し、伝統のイメージを保ちながらも、単品依存から脱却を探っている。

なお、赤福のような生菓子は極力売れ残りを作らないことが重要だが、赤福の場合、前日に伊勢志摩地区のホテルの宿泊者数をリサーチして出荷数を決めている。さらに、観光客が少なくなる午後3時頃になると、売れ残りそうになった商品を名古屋駅の販売店へ運び、そこで完売を図るそうた。

（株式会社美十提供）

41 生八ツ橋

外国人にも人気上昇、京都土産NO・1

国内外から多くの観光客が訪れる京都は、お土産の種類も豊富だ。京都市の統計によると、50代以上の年配の人にはしば漬けや千枚漬けなどの漬け物が好まれるが、**40代以下では生八ツ橋が一番人気**だ。とりわけ京都を訪れる修学旅行生の約半数は生八ツ橋を買って帰るそうだ。

近年は外国人にも人気がある。生八ツ橋のブランド「おたべ」は、日本の菓子を買い求める外国人旅行者のニーズに対応して成田空港や沖縄の那覇空港でも販売されている。

京都土産として人気の生八ツ橋には「おたべ」の他にも「聖《ひじり》」や「夕子」などのブランドも知られており、現在、京都では十数軒の店舗が生八ツ橋を製造販売している。また、生八ツ橋といえば、四角い生地で餡を包んで二つ折にした三角形のものがスタンダードだが、各店は抹茶、黒ゴマ、チョコレート、イチゴ、黒糖などバリエーションに工夫を凝らしている。

生・八ツ橋は〝生〟の字が付くように蒸した生地を焼かずにそのまま食べる柔らかい菓子だが、そのルーツである八ツ橋は煎餅のようなちょっと堅めの焼き菓子である。八ツ橋が誕生したのは江戸初期の元禄年間と考えられている。八ツ橋という名の由来には、当時の琴の名手であった八橋検校《やつはしけんぎょう》を偲んで作られた琴の形をした煎餅が始まりとか、平安時代の歌物語『伊勢物語』に登場する三河国（愛知県）の八ツ橋に由来するという説がある。『伊勢物語』の八ツ橋があったとされる愛知県知立《ちりゅう》市内には「かきつの香り」という生八ツ橋を販売している和菓子店がある。

八ツ橋の歴史は古いが、現在、多くの人に親しまれている**三角の餡入り生八ツ橋は、１９６０年代後半に販売が始まった**「おたべ」が最初である。ただ、餡入りではないが、生地のままの生八ツ橋はそれ以前から茶会の席で主菓子《おもがし》として出されることがあり、それが商品化されたのが「おたべ」だ。「おたべ」が好評を得ると、他の八ツ橋の老舗も次々と**生八ツ橋**の商品化に踏み切り、今では京都を訪れる旅行者は様々な生八ツ橋を楽しむことができるようになった。なお「おたべ」とは京都弁の「おたべやす」の意味だそうだ。

桃カステラ　（株式会社松翁軒提供）

42 カステラ

長崎を訪れる旅行者の8割が購入

前述の「赤福」や「白い恋人」をまだ一度も食べたことがないという人は少なからずいるだろう。しかし、**カステラ**を一度も食べたことがない日本人はまずいないのではないだろうか。カステラは全国どこでも買い求めることができ、長崎の名菓であることはよく知られている。長崎市の調査によると、**長崎を訪れた旅行者のうち8割の人がお土産にカステラを購入する**そうだ。

カステラは、一説には室町時代末期に長崎に来航したポルトガル人が伝えた保存用の堅パンがルーツとされている。「カステラ」という名は、その頃、スペインにあった**カスティーリャ王国に由来**するという説が有力だ。見慣れない食べ物を見た当時の日本人がその名をポルトガル人に尋ねたところ「ボロ・デ・カスティーリャ（カスティーリャ王国の食べ物だ）」と答えたと伝えられている。

江戸時代に入ると、長崎では、ポルトガル人からカステラの製法を学んだ日本人がそれまでは食材にあまり使われることがなかった卵や砂糖を使い、南蛮菓子としてカステラを作るようになる。幕末にペリーが来航した際には、その接待の席でデザートとしてカステラが出されたという記録が残っている。しかし、カステラが全国に普及するのは明治以降だ。文明開化の波に乗り、庶民もカステラを口にするようになり、今ではカステラはおやつやお茶うけなど日常使い、お土産、贈答品、記念品、お祝い品などなど様々な用途に重宝される日本を代表するお菓子となった。なお、海外にルーツがあり、カタカナで記されるカステラは洋菓子と思われがちだが、実は和菓子に分類される。

ところで、カステラは旅行者にとって人気の長崎土産だが、実は長崎市民もよく購入する。2024年の総務省の家計調査で、長崎市民の年間のカステラ購入額は5953円、これは全国平均884円の約7倍、ダントツの日本一である。**長崎には冠婚葬祭の際にお礼や挨拶を兼ねてカステラを贈る習慣がある**そうだ。特に、長崎ならではの習慣は、ひな祭りに親戚や知人に内祝いとして「**桃カステラ**」を贈ることだ。桃をかたどったカステラ生地に、縁起が良いとされる桃の細工をほどこしたユニークな菓子だ（右ページ写真）。カステラは長崎の人にとって日常生活には欠かせないアイテムだ。

まだまだある全国各地の人気NO・1銘菓

カモメの玉子

岩手県のお土産ランキング第1位

岩手県

1952年に誕生、大船渡《おおふなと》の青い海原を飛ぶカモメがモチーフ。カステラ生地をホワイトチョコで包んだユニークな玉子の形が人気だ。

萩の月

宮城県のお土産ランキング第1位

宮城県

1979年に誕生、宮城県の県花である萩の咲き乱れる宮城野の空に浮かぶ名月をイメージしたカステラ菓子。**松任谷由実**がラジオ番組で取り上げてブレークする。

(株式会社菓匠三全提供)

信玄餅

甲府のお土産ランキング第1位

山梨県

1968年に誕生、山梨県でお盆の時期に食べる**安倍川餅**をヒントに考案された餅菓子。風呂敷を模した包装のデザインが特徴である。

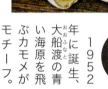

うなぎパイ

静岡駅の人気土産第1位

静岡県

1961年誕生、静岡県の名産のうなぎをテーマした洋菓子。一家団欒のひとときをうなぎパイで過ごそうと「夜のお菓子」をキャッチフレーズに、全国にその名を知られるようになった。

もみじ饅頭

広島のお土産ランキング第1位

広島県

明治末期に誕生、紅葉の名所である安芸の宮島にちなんで作られたもみじの葉の形をした饅頭。1980年頃の漫才ブームの際、人気コンビB&Bのもみじ饅頭をネタにしたギャグで一躍知名度が高まる。朝日新聞のアンケート調査で「日本一のまんじゅう」に選出される。

一六タルト

松山空港や松山駅の人気土産第1位

愛媛県

創業年の明治16年の「一六」を社名にした一六本舗が販売する餡を巻いたロールケーキ状の菓子。江戸時代初めに長崎から伝えられたポルトガル菓子がルーツだそうだ。

博多通りもん

福岡県のお土産ランキング第1位

福岡県

（株式会社明月堂提供）

1993年に誕生、白餡にバターなど洋菓子の素材を取り入れ「博多西洋和菓子」と呼ばれている。年間約6400万個生産、2018年に**世界一売れた製菓まんじゅうブランド**としてギネス世界記録に認定された。「通りもん」とは、博多の祭りのどんたくで笛や太鼓を鳴らして練り歩く人たちのこと。

軽羹《かるかん》

鹿児島県のお土産ランキング第1位

鹿児島県

江戸時代より伝わる山芋を原料とする白くふわふわした和菓子。見た目が羊羹《ようかん》に似ていることから「軽い羊羹」という意味で軽羹と呼ばれるようになった。砂糖が安く入手できるようになった明治以降、庶民の和菓子として親しまれている。

ちんすこう

沖縄県のお土産ランキング第1位

沖縄県

琉球王朝時代に、中国の菓子や和菓子を元に、小麦粉、ラード、砂糖で作られた。当初は蒸して作っていたが、明治末に釜で焼くようになり、焼き菓子にしたことで日持ちするようになったのでお土産菓子として重用されるようになった。語源には、「**ちん**」は〝珍〟、「**すこう**」は菓子の意味で「珍しいお菓子」など諸説ある。

名物 特産

第5章 全国各地の特産・名産・名物の一品グルメ

特産品とはその地域で産出されたもの、その地域特有の材料を使って作られたもの、名産品とはその地域の産品として広く知られているもの、名物とはその地域の有名なもので産品に限らない。

特産・名産・名物と呼ばれるものには、農産物や水産物、畜産物からその加工品まで、全国各地に多種多彩な一品がある。

43

牛タン

牛タンは仙台の名物だが、名産ではない

笹かまぼこ、ずんだ餅、これに牛タンを加えて「仙台三大名物」と呼ぶ。牛タンの「タン」は英語のtongueで「舌」を意味し、牛1頭から1kgほどしかとれない希少部位だ。

この牛タンをスライスして塩や味噌などで味付けして焼いたのが牛タン焼きで、仙台を代表する名物料理となっている。仙台市内には100軒ほどの牛タン店があり、仙台駅構内にも専門店が並ぶ「牛タン通り」と呼ばれる通りがある。

牛タン焼きは、戦後間もない頃、佐野啓四郎という焼き鳥屋の店主が考案した。当時、仙台には多くの焼き鳥屋があったが、鶏肉以外にも豚肉や牛肉など様々な肉を出していた。そんな中、「誰にも真似のできない自分の店だけのメニュー」を作ろうと考えた佐野は、料理人としての修行中に東京の洋食店で初めて食べたタンシチューの旨さを思い出して牛タンを使ったオリジナル料理を作ることを決意した。肉の切り身の厚さ、調味料、焼き方などあらゆる角度から試行錯誤を重ね、今の牛タン焼きを案出し１９４８年、仙台に専門店を開業した。

やがて、仙台市内には佐野のレシピを継承した牛タン店が徐々に増えるが、現在のように牛タンが仙台名物として全国に広く知られるようになったのは、その後、２つの転機があった。まず、**１９８２年の東北新幹線の開通**だ。多くの人が仙台を訪れるようになったが、新幹線を降りた人がまず目にしたのは「仙台名物牛タン」という大きな看板だ。この頃より仙台市民も牛タンを仙台名物として認識を深めるようになり、全国に牛タンの評判が広まり、マスコミも仙台の名物として牛タンを取り上げることが多くなった。

次の転機は**１９９１年に牛肉の輸入自由化**が始まったことだ。実は牛タンは仙台の名物ではあるが、名産ではない。つまり、仙台の牛タンの産地は、地元の宮城県ではなくアメリカなど海外がほとんどなのだ。国産和牛は、通常１頭買いで取り引きされるため、国内では牛タンのみの確保が難しかったのだが、輸入自由化により、牛タンが入手しやすくなり、牛タンを扱う店舗が増えたのである。

44

水戸納豆

水戸市民の4割は納豆を毎日食べる

「納豆」という語句が初めて現れるのは平安時代の文献だ。しかし、この納豆がどのような食べ物だったのか詳細は不明だ。私たちに馴染みの糸引き納豆は、南北朝時代に京都の寺院で作られ始めたという説が有力である。中国から伝わった製法が改良され、僧侶たちの保存食として作られるようになったという。現在も大徳寺や一休寺では寺納豆の名で作られ、名物となっている。

京都で発祥した納豆は、やがて東日本に広がり、**江戸時代には、庶民の間で納豆をご飯と一緒に食べる習**

慣が広まり、朝の江戸の町を売り子が納豆を売り歩く光景が日常となった。

納豆が**水戸**の特産品となったのは明治以降である。東京では多くの人が日常的に好んで納豆を食べていることに注目したある水戸人が、そんな食べ物ならば水戸の名物になると考えたのだ。**水戸の周辺で生産されていた小粒大豆を使った納豆の商品化を企画し**、1889(明治22)年、**水戸まで鉄道が開通すると、水戸駅で販売を始め**、やがて納豆は水戸の土産物として高い人気を得るようになった。

水戸市民にとって納豆はソウルフードである。地元の情報誌の調査によると毎日納豆を食べる水戸市民は40%、週に1度は納豆を食べる市民は96%もいるという。ただ、総務省の家計調査によると水戸市の1世帯あたりの納豆の購入額は2016年までは日本一だったが、その後は2〜5位と順位を落としている。

水戸よりも上位は福島、盛岡、秋田など東北地方の市が占めている。西日本では魚がおもなタンパク源だったが、冬に雪が深くなる東北各地は、交通が整備されていない頃、積雪時には流通が不十分になるため、タンパク質を補う保存食として備蓄しやすい納豆をよく食べていた。これが、東北の人々に納豆を食べる習慣が根付いた要因と考えられている。また、首都圏に位置する水戸市は、近年の核家族化の進行が東北各市より著しく、1人あたりではなく1世帯あたりの統計であることが水戸の順位低下に影響しているという分析がある。

45

宇都宮餃子

ナゼ 餃子が宇都宮の名物になった？

餃子は、江戸時代初めに日本に伝わったという文献が残されているが、当時は、まだ庶民の食べ物としては普及しなかった。**餃子が広く人々に食べられるようになったのは、終戦後で、中国（特に東北部の満州）からの引き揚げ者が広めたとされている。**

宇都宮餃子の場合も、終戦まで満州に駐屯していた宇都宮師管区の陸軍第14師団の将兵が、除隊して帰郷した際に、現地で食べていた餃子の味が忘れられず、家庭で作ったり、餃子店を開いたりしたのが始まりとされる。栃木県が餃子の材料となる小麦やニラの国内屈指の産地であったことも餃子の普及を後押ししたようだ。

まだ街にはコンビニやファストフード店がなかった１９６０年代、高校生が下校途中に餃子店に立ち寄るようになり、さらに70年代に入るとファミレスが登場して外食文化が広まると、副食に餃子を添えたランチや定食をメニューに加えた店が増え、餃子は宇都宮市民の味として定着する。

それでもまだ当時は、**宇都宮が餃子消費量日本一**であるとは誰も思っていなかった。そんな頃、**まちおこしのために何か宇都宮の名物となるようなインパクトのある特産物**はないかと模索していた市のある職員が、総理府（現在は総務省）が始めた家計調査において、宇都宮市の1世帯あたりの餃子購入額が全国1位であることに気付く。これに着目し、早速、官民一体の餃子によるまちおこしが始まる。１９９３年には、市内の餃子店が集まって**宇都宮餃子会**を発足させ、際立った特色がなかった地方都市の宇都宮が**「日本一の餃子のまち」**として、一躍全国にその名を知られるようになった。

しかし、２０１１年、まさかの事態が発生する。15年間守り続けてきた餃子日本一の座を浜松市に奪われたのだ。浜松市は政令指定都市に昇格し、この年から新たに家計調査の対象地域に加わった。以後、両市は熾烈なトップ争いを繰り広げるが、競い合うことによってそれぞれが独自性を発揮し、相乗効果を生み出すようになった。さらに、19年にはB-1グランプリにおいて、三重県の「津ぎょうざ」が優勝し、21、22年の家計調査では宮崎市が第1位となるなど、近年、各地にご当地餃子が増えつつあるのは餃子ファンとしては喜ばしい。

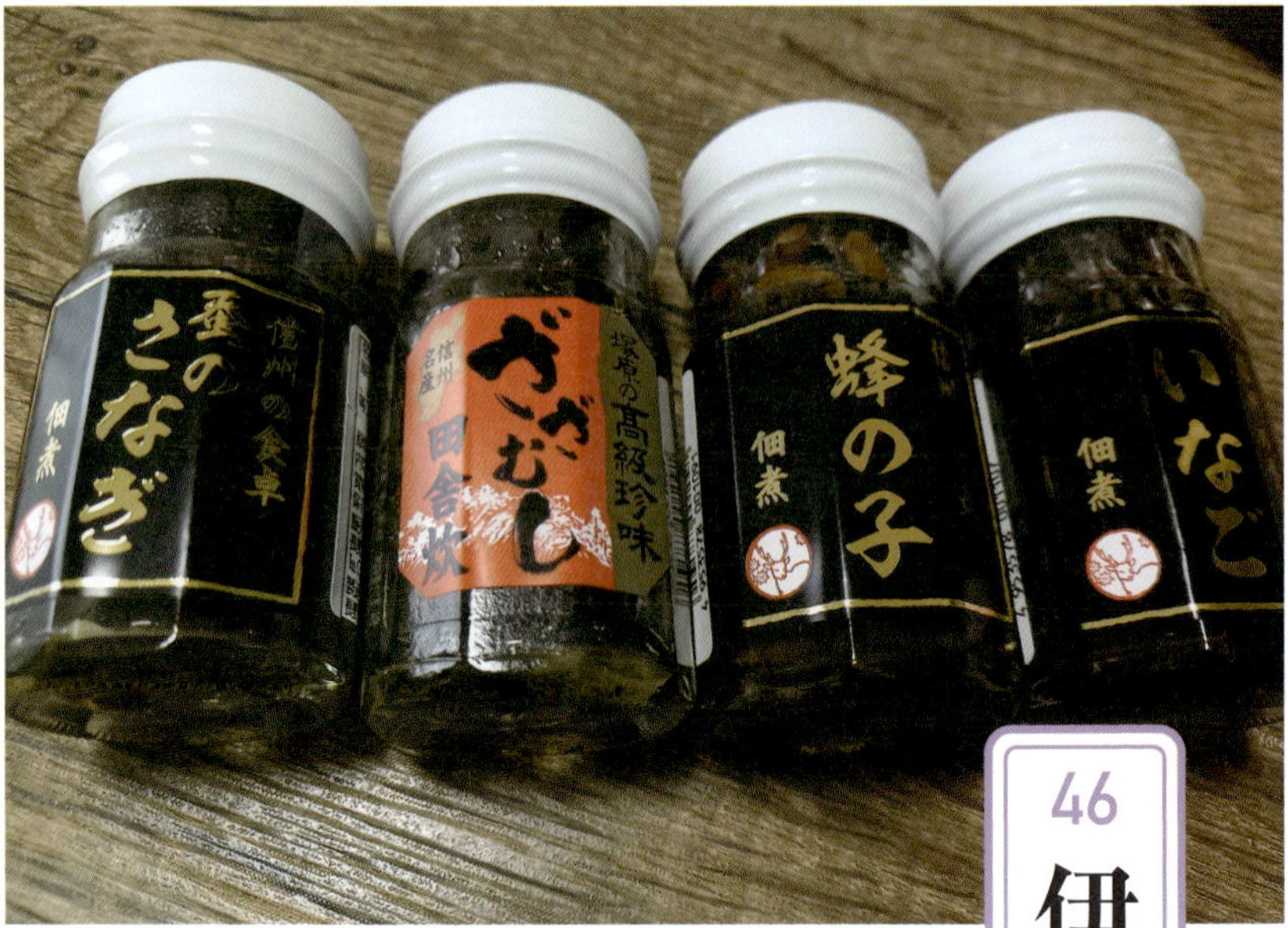

46

伊那の昆虫料理

バッタソフトの「バッタ」ってナニ？

「エッ！　虫を食べるなんてそんなのゼッタイ無理！　無理！　無理！」

昆虫を食べると聞いて多くの人はドン引きしてしまうのではないだろうか。しかし、昔は日本各地に昆虫を食べる風習があり、大正時代に三宅恒方《みやけつねかた》という昆虫学者がまとめた記録によると、当時は、イナゴや蚕のさなぎ、蛾やカミキリムシの幼虫、タガメ、ゲンゴロウなど55種類の昆虫が食用にされ、さらに123種類の昆虫が薬用に利用されていたという。

特に**海から離れ、海産物の入手が困難な山間地で**

は、**動物性タンパク質を摂るための栄養補給源として昆虫食が根付いていた。**昭和に入ると、中には様々な感染症を媒介する昆虫がいることが判明し、さらに、タンパク源として肉類が手に入りやすくなったことなどから、各地の昆虫食は次第に衰退する。

しかし、**長野県では県南の伊那地方を中心に、昆虫食は伝統として今も受け継がれている。**2019年に伊那市で行なわれた調査では8割以上の回答者が昆虫食の経験があると答えている。ただ、かつてのようにイナゴを捕ってきて自家で佃煮などにするようなことはほとんどなくなり、スーパーで調理済みのものを買ってきたり、知人から貰ったりすることが多く、食べる頻度にはかなり個人差がある。

伊那では、すでに大正の頃には、それまで各家庭で食べられていただけのイナゴや蜂の子の佃煮を缶詰にして販売する店があったという。その後、それらを土産物として売り始める会社も設立された。他の地方で昆虫を食べなくなってきた頃、伊那では、**味付けや調理を改良して美味しくし、昆虫食品の商品化**に取り組んだ人たちがいたのである。逆転の発想である。つまり、「昆虫食品を売れば儲かるぞ」と考えたのだ。

「伊那の三大珍味」と呼ばれている昆虫食品を紹介しよう。

●**ざざむし**……ざざむしとは、伊那盆地を流れる天竜川の清流に住むカワゲラ・トビゲラなど水生昆虫の幼虫を食用とするときの総称である。佃煮にすることが多いが、最近は数が減ってきたためか30g入りのビン詰めが1500円ほどとかなり高価である。

●**イナゴ**……佃煮にするのが一般的で、味や食感はエビに近い。伊那地方以外でも、かつて日本ではイナゴは広く食用に利用されていた。

●**蜂の子**……佃煮や甘露煮、炒め物、蒸し焼きなどいろんな料理方法があり、お米と炊き込んだ蜂の子ご飯というのもある。珍味として瓶詰めや缶詰めにしたものが売られている。

地元のスーパーの総菜コーナーには蜂の子やざざむしの佃煮や甘露煮が普通に並んでいる。伊那地方の道の駅や観光施設では、ソフトクリームにイナゴの佃煮をトッピングしたバッタソフトが売られており、わざわざこのソフトクリームを食べるために遠方から訪れる人がいるそうだ。他にもバッタ飴やバッタおやきが観光客向けにお土産として販売されている。

昆虫を食べることに抵抗を感じる人は多いだろう。しかし、昆虫は人類が数百万年の昔から食べ続けてきた食料であり、現在でも世界の多くの地域で食用に利用されている。2013年、FAO（国連食糧農業機関）は昆虫を世界の食糧危機を救う「次世代フード」として推奨する報告書を発表した。昆虫はタンパク質が豊富で、ミネラルや良質の脂肪など栄養素が多様であり、しかも牧畜などに比べ、生産効率が高いため生産コストが安くなり、環境負荷も少ない。伊那の昆虫食品が再認識される日はそう遠くないかもしれない。

手作業にこだわるハム作り（明宝特産物加工株式会社提供）

47

明宝ハム

ハムの名が村の名になった！

明方《みょうがた》村（現郡上《ぐじょう》市）は、かつて岐阜県美濃地方の北端にあった村である。面積の95％を山林が占め、耕地が少なく、畜産が農家のおもな収入源だった。

そんな山間僻地の村で、戦後間もない1953年、**農協が中心となって、手作りハムの生産という周囲のどこも取り組んだことのない当時としては画期的なプロジェクトがスタートした。**「村の畜産振興と山間地の食生活改善のために動物性タンパク質を」というねらいで始まったこのユニークな事業は各方面から注目された。「明方《みょうがた》ハム」と名付けられたが、ただ、その頃、

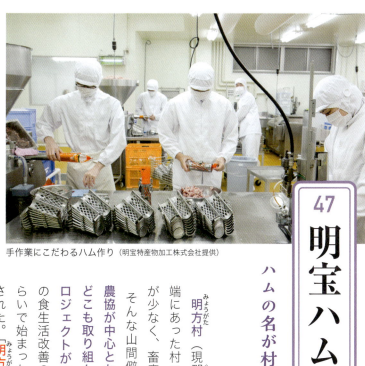

ハムはまだ日本の一般家庭の食卓にはなじみが薄く、思うように売り上げは伸びなかった。

　転機は1980年に訪れる。この年、NHKのテレビ番組「明るい農村」で明方村のハム作りが全国に紹介されたことにより、明方ハムの名声が高まり、その生産量は3年後には約3倍、7年後にはさらにその2倍と右肩上がりで急成長を遂げる。当時は工場がフル回転しても、またたく間に売り切れてしまい、なかなか入手できないため「幻のハム」と呼ばれた。着色料や防腐剤などは使わず、地元産の良質な豚肉を原料に「**手作り作業で100％国産の豚肉**」をウリにしたこと、高度経済成長期を経て洋風の食スタイルが普及するようになったことも成長を後押しした。

　しかし、1988年、村に思わぬ事態が起きる。ハム作りを担っていた明方村の農協が近隣の農協と合併し、郡上農協として本拠を八幡《はちまん》町（現郡上市）に移すと、郡上農協は事業の拡大と従業員確保のため、ハム工場も人口が多く奥美濃地方の中心地である八幡町に移転することを決めたのだ。しかし、これに納得しなかったのは最初にハム作りを始めた明方村の人々だ。「明方村の村おこしとして、明方村で、明方村の人々が始めたハム作りなのに、今後は八幡町で明方ハムを作るなんてそれはないやろ」というわけで、明方ハムの工場で働いた人の中には村に残る人がおり、**村は独自の第3セクターを設立**し、明方ハムとは別にハム作りを始めることになったのだ。

そこで、新たに立ち上げられたブランドが「**明宝ハム**《めいほう》」である。「明宝」とは「明方村の宝」を意味し、「明方ハム」が「みょうがたハム」ではなく「めいほうハム」と読み間違えられることが多かったことも逆利用した名である。村の全面的な支援とPR、積極的なメディア戦略が功を奏し、「明宝ハム」の知名度は徐々に高まり、本家の「明方ハム」を凌ぐ勢いで売り上げを伸ばす。1992年、村はそれまでの**「明方村」という名を「明宝村」に改称する**。全国各地の特産品には地名を商品名に採用した事例は数多いが、商品名を自治体の名にした事例は他にはない。

そして、今や岐阜県民なら誰でも知っているブランド食品としての地位を築いた。明宝ハムは、素材は今も国産肉にこだわり、冷凍肉を使わず、毎日、生の豚肉を仕入れている。地元産だけでは足りないので、7割ほどは遠く九州から搬入している。また、解体や肉詰めなどほとんどの工程を手作業で行なっている。そのため、大手メーカーのように大量生産ができず、明宝ハムの販売先の8割以上は県内や近県だ。スーパーやコンビニ、道の駅や高速道路のサービスエリアなど東海地方では様々な場所で販売されているが、全国どこでも気軽に購入できるわけではない。それでも、関西や首都圏でも一部のデパートでは販売されており、素材と製法にこだわった高級感のある商品として人気がある。

なお、「明宝」という名称は、地元のスキー場や温泉などにも使われているが、明宝村という名は、2004年の町村合併によって郡上市となり、残念ながら消滅してしまった。

©公益社団法人福井県観光連盟

48 焼き鯖寿司

人気の空弁5年連続第1位

サバは日本の近海ならどこでも獲れ、サバを使った寿司も古くから全国各地に見られる。福井県も越前や若狭と呼ばれていた昔からサバ漁が盛んで、1000年以上も昔から、若狭湾で獲れたサバが鯖街道と呼ばれる古道を通って京都まで運ばれていたことはよく知られている。ご飯と一緒に麹《こうじ》で乳酸発酵させたサバのなれ寿司は当時の貴重な保存食であった。福井県には鯖寿司以外にもサバをぬか漬けにした「へしこ」という伝統食もある。そして、近年は福井県の名産として、県内外のターミナル駅の売店でも販売され、全国に知

られるようになったのが**焼き鯖寿司**だ。

しかし、全国各地の伝統料理を紹介したどの書籍にも焼き鯖寿司のことは一切書かれていない。また、ネットでも販売元のWebサイト以外には焼き鯖寿司の由来を掲載しているサイトがほとんど見当たらない。なぜなら、焼き鯖寿司が誕生したのはほんの20年ほど前、最近のことなのだ。

ただ、福井県には焼き鯖寿司のルーツにあたる**浜焼き鯖**という食べ物があった。県内には半夏生《はんげしょう》（畑仕事や田植えなどの農作業が一段落した日）には、労をねぎらい、夏バテ防止のために浜焼き鯖を食べる風習があった。サバ1匹を太い竹串に突き刺してそのまま丸焼きにしたもので、今でも半夏生の日には魚屋やスーパーの店頭に並ぶ。

そして、2000年、北陸三大祭の一つである三国祭りの際に、**「浜焼き鯖は冷めても美味しく食べられる。これは寿司に使える」と考案されたのが焼き鯖寿司**である。この祭りで初めて200個ほど販売されたが、1時間足らずで完売した。

次の転機は2002年、焼き鯖寿司が羽田空港で販売されることになったのだ。当時、国内線の機内食が廃止になり、待ち時間や機内で食べる弁当いわゆる**空弁**が注目されており、ひとまず30個を販売したところたちまち完売した。翌年には、空港内にできた「空弁工房」のメイン商品となり、1日に100個売れると大ヒットとされる弁当だが、焼き鯖寿司は1日に1000～1500個とバカ売れした。好評のため、翌年には大阪空港でも販売されるようになり、ついに**空弁5年連続売り上げ1位**を記録する人気の弁当となった。

49

松阪牛

1頭5000万円の肉の芸術品

松阪牛、神戸牛、近江牛、米沢牛などブランド牛の銘柄数は全国で約380あり、今や全都道府県にご当地ブランド牛がある。そんな中で知名度や評価が群を抜き、「肉の芸術品」の異名を持つ最高ブランドが松阪牛だ。

松阪牛は「指定された生産区域での肥育期間が最長最終であり、松阪牛個体識別管理システムに登録されている黒毛和種の未出産の雌牛」と定義されている。他で生まれた仔牛でも、生後12ヵ月までに生産区域に移されて出荷まで肥育された場合は松阪牛である。

松阪牛の歴史は古い。松阪市のある三重県伊勢地方では江戸時代から但馬《たじま》（兵庫県北部）産の牛を買い入れて、農耕用の役牛《えきぎゅう》として利用していた。牛は３〜４年が過ぎると次第に太ってくるが、明治の文明開化の時代を迎え、国内でも肉食文化が広まると、その牛を食用として東京に出荷するようになった。松阪牛の起源である。時代が進み、次第に牛肉が日本人の食生活に浸透するようになった１９３５（昭和10）年、東京で「全国肉用畜産博覧会」が開催される。松阪牛は、この会で他のブランド牛を抑え、最高の名誉賞を獲得して一躍注目を集めるようになった。なお、それまでは「松阪牛」ではなく、三重県産の牛ということで「伊勢牛」と呼ばれていたが、この頃から「松阪牛」の呼び名も使われ始める。そして、１９５５年、産地の誤解を避け、差別化を図るため、商標として「松阪牛」の名称が正式決定された。

１９５８年には、松阪牛の出荷業者と食肉業者によって松阪肉牛協会が設立され、その後、数あるブランド牛の中で松阪牛が今日まで長くトップの座を守り続けているのは周知の通りである。

実は松阪牛と他の高級ブランド牛にはその定義に大きな違いがある。牛肉には霜降り状態などから等級による格付けがあり、神戸牛や近江牛は４等級か５等級と限定されているが、松阪牛にはその規定がないのだ。つまり、松阪牛には神戸牛や近江牛より低い等級の牛も含まれている。ただ、そんな松阪牛の中でも最高ランクの牛は、一般の松阪牛とは別に「特産松阪牛」として認定されている。食欲増進のためにマッサージをしたり、ビールを飲ませたり、手間暇をかけて肥育され「肉の芸術品」と表現されているのはこの特産松阪牛なのだ。特産松阪牛は一般の松阪牛の基準に、「但馬産の仔牛

松坂牛

を900日以上肥育したもの」という認定基準が加わる。

毎年11月に開催される松阪肉牛共進会に出品されるのはそのような特産牛だ。共進会とは、選び抜かれた松阪牛50頭だけが出場できる「松阪牛の中の松阪牛」を決めるイベントである。1頭の平均入札価格は300～400万円、一席となった牛は1000～2000万円の高値で落札され、過去には5000万円の高値がついたこともある。この高額の落札価格が日本一のブランド牛の証明である。

特産牛の出荷量は、全体から見れば1割にも満たない。しかし、このわずか**1割弱の特産牛によって、松阪牛は選び抜かれた最上級の肉牛というブランドイメージを消費者に与えている**。このブランドイメージが残る9割を超える松阪牛の評価を底上げし、松阪牛全体が他のブランド牛より高い販売価格を維持しているのだ。これが他のブランド牛の追随を許さない松阪牛だからこそ可能なブランド戦略なのだろう。

（株式会社紅梅園提供）

50 南高梅《なんこううめ》

日本一のブランドの名の由来は高校名

和歌山県の**梅**の収穫量は2万9700トン（2024年）、これは国内生産の66％を占め、ダントツの日本一である。その梅生産の中心が**みなべ町**だ。町内の農家のほとんどが梅を栽培しており、梅干しの生産や流通など関連業者を合わせると町の就業人口の約8割が梅と接点を持っている。

みなべ町の梅栽培の起源は、江戸時代初頭まで遡る。この地方は平地が少なく、土地が痩せ、米などの作物が育ちにくかった。その窮状を打開するために藩が梅栽培を奨励・保護したのが始まりである。**梅は生**

命力が強く、痩せ地や斜面でもよく育ち、また、この地方は沖を流れる黒潮の影響で年間を通して温暖で、雨量が多く、梅の栽培には最適の環境であった。

江戸時代中頃になると、紀州の特産品として木材やみかんとともに梅干しが江戸に送られるようになる。明治以降は軍用食として梅干しが重視されるようになり、梅の需要は大きく伸び、戦後も食生活の多様化に伴い、梅の生産量はさらに飛躍する。

ただ、その頃までみなべ町では100を超える品種の梅が栽培されており、品質や生産が安定していなかった。そこで、1950年、町では梅優良母樹選定協会を設立し、**優れた固有種の選別に着手**する。1年目は37品種、2年目は14品種、3年目は10品種と、慎重に選定を進め、最終的に**最優良品種と認められたのが南高梅《なんこううめ》**だ。南高梅という名称は、この選定事業には地元の県立南部《みなべ》高等学校の教諭と生徒たちの多大な尽力があったことから、1965年、**南部高校の名にちなんで**つけられた。現在、南高梅はみなべ町で栽培される梅の8割を占めている。大粒で皮が薄く、柔らかな果肉の南高梅は梅の最高峰と呼ばれ、梅干しだけではなく、梅酒やジュースにも加工される。今では梅のトップブランドとして全国から高い評価を受けている。

その後、みなべ町は2015年に「梅で健康の町」宣言をし、さらなる梅産業の活性化や梅の消費拡大を図っているが、その一方、近年は食文化の変化や減塩ブームなどの影響で全国的に梅の消費量が減りつつあることが懸念されている。

51

京野菜

京野菜と呼ばれるのはどのような野菜？

九条ねぎ、聖護院かぶ、賀茂なす、堀川ごぼう、鹿ヶ谷かぼちゃ、壬生《みぶ》菜、これらは**京野菜**と呼ばれる京都固有の野菜である。京野菜は、懐石料理や精進料理などの京料理を彩り、しば漬けや千枚漬けなどの**京漬け物**の材料として、そして、庶民の日常の食卓に欠かせない**おばんざい**の食材として、長く京都の食文化を支えてきた。

京都は１０００年もの長きにわたって都として栄えてきたが、その間、全国から様々なものが集まり、独特の文化が育まれた。その中には野菜もあり、珍しい野菜や選りすぐりの野菜が宮廷や社寺への献上品として京都に持ち込まれ、海から遠く離れた京都では、野菜など農作物が人々の食生活を支えていた。各地から集まった野菜は都の人々の美味しい野菜を食べたいという要望を満たすため、京都の気候風土や都という特異性の中で、栽培方法の工夫や品種の改良が進み、独特の形状や品質の野菜に進化した。こうして生まれたのが**京野菜**と呼ばれる京都特産の数々の野菜である。

ただ、京野菜には明確な定義がない。JAによると、広義には京都府内で生産されたなら、すべて京野菜である。しかし、京都産とはいえ、トマトやブロッコリーを京野菜と呼ぶことには違和感がある。そのため、1988年、京都府農林水産部では京都で古くから栽培され、現在に伝わっている野菜について**「明治以前に導入されたもの。京都府内で栽培または保存されているもの。たけのこを含むが、キノコやシダを除く。絶滅した品種を含む」**という基準を定め、37品目を「**京の伝統野菜**」として認定した。

さらに、1989年には**「京都らしいイメージがあり、安定した品質・企画で適正な出荷量が確保できる野菜」**として11品目、その2年後にはさらに9品目を「**ブランド京野菜**」に認定した。「京の伝統野菜」と「ブランド京野菜」は基準が異なるため、認定されている品目は必ずしも同じではないが、冒頭の6品目など両方に該当する野菜が多い。

京野菜はブランド化の推進により、その需要は伸びているが、一方、一般的な野菜と比べて生産に手間がかかり、栽培農家の減少、生産者の高齢化という課題を抱えている。

52 松葉ガニ

鳥取県改め蟹取《かにとり》県の5つのカニ日本一

「山陰冬の味覚　姿ガニ1匹と焼蟹・蟹スキ付カニかにプラン」

「冬の王様！　茹で松葉ガニ丸々1杯　刺し・焼き・鍋の蟹三昧」

冬の味覚の王様といえばやはりカニだろう。とりわけ日本海で獲れる**ズワイガニ**は、カニしゃぶ、焼きガニ、カニ味噌の甲羅焼き、カニすき、カニ雑炊など様々な食べ方を楽しむことができ、北陸から山陰にかけての温泉地には、雪の降る冬でも冒頭のようなキャッチコピーに魅せられてカニと温泉を目当てに多くの観光

客がやってくる。

冒頭の2つのキャッチコピーは鳥取県内の三朝《みささ》温泉と皆生《かいけ》温泉のホテルのホームページに掲載されているものだ。鳥取といえば、多くの人がまず思い浮かべるのが鳥取砂丘、ゴールデンウィークや夏休みには多くの観光客で賑わうが、寒くなる冬に訪れる人は少ない。しかし、鳥取県内の宿泊観光客数（2022年）を見ると、カニの季節である11月は18万人、12月は14万人と観光シーズンの5月（13万人）や8月（18万人）とほぼ同じだ。

ただ、県別に見ると、首都圏から新幹線が直結する石川県や福井県の方が観光客数が多く、美味しいカニが食べられる県として知られている。しかし、カニの産地としては鳥取県が日本一なのだ。県のホームページには5つのカニ日本一が紹介されている。

◯カニの水揚げ量日本一

鳥取県西部の境港《さかいみなと》は主要漁港におけるカニの水揚げ量が日本一である。境港には競り場や加工場、直売所などカニが流通する環境が整っており、他県の漁船も入港する。

◯カニの消費量日本一

総務省家計調査によると、鳥取市の1世帯あたりのカニの消費量は1976gであり、全国平均の約6倍、ダントツの1位である（2024年）。

◯活《い》きガニ出荷量日本一

「活きガニ」とは活きた状態で流通するカニのことで、鳥取の漁船には大きな水槽が設置されており、活きたまま市場で競りにかけることができる。

◯カニ牧場の面積日本一

カニ牧場とは沖合にコンクリートブロックを沈めて、カニが産卵しやすい環境を作る取り組みで、その面積は1万1320ha、東京ドーム2408個分に相当する。

◯カニにかける想いが日本一

鳥取県はカニ牧場の設置など資源保護に力を入れ、カニシーズンには県の名を「**蟹取県**」に改称することを公表している。

鳥取県でカニが多く獲れるのは、**鳥取の沖合に、九州側から流れ込む暖流と山陰沖に分布する冷水がからみ合ってプランクトンが豊富な潮目ができ、カニの繁殖に最適な環境**となっているからだ。ただ、ズワイガニが生息するのは水深数百メートルの海底であり、昔はそんな海底からカニを獲る技術がなく、本格的にカニ漁が始まったのは明治以降である。

鳥取など山陰地方で獲れるカニは「**松葉ガニ**」と呼ばれているが、これはブランド名であり、**生物としての種名は「ズワイガニ」**である。ズワイガニは、石川県では「**加能《かのう》ガニ**」、福井県では「**越前ガニ**」、京都府では「**間人《たいざ》ガニ**」、兵庫県では「**津居山《ついやま》ガニ**」など水揚げされる場所によって呼び名が変わる。

松葉ガニという呼び名は江戸時代の文献にも記されているが、語源にはカニの身を水につけると松葉のように広がるからなど諸説ある。

53

下関のふぐ

豊臣秀吉が禁じ、伊藤博文が解禁

ふぐは山口県を代表する高級魚として、県魚にも指定され、とりわけ下関は「ふぐの本場」として全国に知られている。しかし、山口県のふぐの漁獲量は意外に少なく、国内第7位の227トン、これは第1位北海道の9分の1ほど、全国の漁獲量の4％に満たない。ふぐの消費量についても、山口県が少ないわけではないが、群を抜いて多いのは大阪であり、国内消費の6割を占めている。

それでも、下関がふぐの本場と呼ばれているのは、**下関はふぐの取扱量が全国の8割を占める日本最大の**

ふぐの集積地だからだ。北海道など全国各地で水揚げされたふぐは、陸路、海路、空路で下関に運ばれる。ふぐは強い毒を持っているため、出荷するには身欠きという有毒部位を除去する作業が必要だ。**下関には高い身欠きの技術を持った調理師が集まり、加工や流通などふぐに特化した専門業者が多く集まっている。**しかし、下関以外は、ふぐは獲れてもそのような環境が十分に整備されていないところが多いのだ。

では、なぜ下関だけにそのような環境が整っているのだろうか。山口県は瀬戸内海や豊後水道、玄界灘など好漁場に囲まれ、長州と呼ばれていた頃から、ふぐは庶民の重要な食材だった。しかし、昔は処理が不十分なふぐを食べて死ぬ者が多く、戦国末期に**豊臣秀吉はふぐ食を禁止する。**この禁止は、江戸時代さらに明治初期まで続く。しかし、それでも長州の人々はこっそりふぐを食べ続け、その間にふぐ毒の処理技術も確立し、ふぐは安全に食べられるようになっていた。そして、1888（明治21）年、おそらくそのような事情を理解していた長州出身の**伊藤博文の指示により、山口県に限定してふぐ食が解禁される。**大陸への中継地として栄え、多くの人々が往来した下関には、解禁後、多くのふぐ料理の店が開業するようになり、ふぐは下関の名物となった。今では国内最大のふぐ消費地である大阪でふぐ食が解禁されたのは、それから半世紀後の1941（昭和16）年だ。下関にふぐ処理や加工技術が集積したのはこのような歴史的背景があったのだ。

今でも、大阪で消費されるふぐは下関から冷蔵輸送されている。ちなみに、その輸送時間がちょうどふぐを熟成させる効果を併せ持っているそうだ。なお下関ではふぐは「ふく」と呼ばれている。

54

カツオのたたき

カツオをたたくってどういうこと？

カツオは高知県の県魚に指定され、高知を代表する郷土料理である皿鉢《さわち》料理にも欠かせない食材だ。県民は今も昔もカツオを日常的に食べており、総務省の家計調査によると、高知市の1世帯あたりのカツオの消費量は3661g、これは全国平均814gの約4・5倍あり、ダントツの日本一だ（2024年）。

高知の伝統的なカツオ料理は**たたき**である。**たたきは藁《わら》の火でカツオの表面を炙《あぶ》る**のが特徴で、炙ることで硬い皮が軟らかくなり、生臭さがとれてカツオはより美味しくなる。

たたきのルーツについては、土佐（高知県）の漁師のまかない料理だったという説や、江戸時代末期に、土佐でカツオの生食による食中毒が横行し、藩主がカツオを生で食べることを禁止したので、土佐では少し炙って焼き魚として食べるようになったという説がある。

この調理方をたたきと呼ぶのはなぜだろうか。正しくいうならば、これは「**カツオの藁焼き**」という料理である。たたきとは文字通り叩いて調理すること。昔は塩やタレなどの調味料が高価だったため、**表面を炙ったカツオを細かく切り分けて塩やタレをすり込み、包丁や手で叩いて味をなじませた。**少ない調味料で味つけをする知恵である。つまり包丁や手で叩いて作ったので、「カツオのたたき」と呼ばれるようになったのだ。もっとも、調味料が好きなだけ使える今では、叩きの作業が必ずしも必要ではないのだが、「たたき」という名称はそのまま残っている。また、今ではカツオを炙るのに藁を使わず、コンロやバーナーを使うことが増えており、それらを「カツオの藁焼き」と呼ぶのは無理がある。

なお、カツオ漁は高知県以外でも古くから日本の各地で盛んに行なわれている。漁獲量だけを見れば、現在、高知県は静岡県や宮城県、なんと東京都よりも下位の第4位だ。近年のカツオの漁場は日本近海だけではなく、遠く赤道付近や南太平洋まで広がっている。そうなると、高知県から出漁した漁船であっても、土佐清水や室戸など地元の漁港は首都圏や関西圏など大消費地からは遠いため、実際に水揚げするのは、地理的に有利な大消費地に近い港になってしまうのだ。

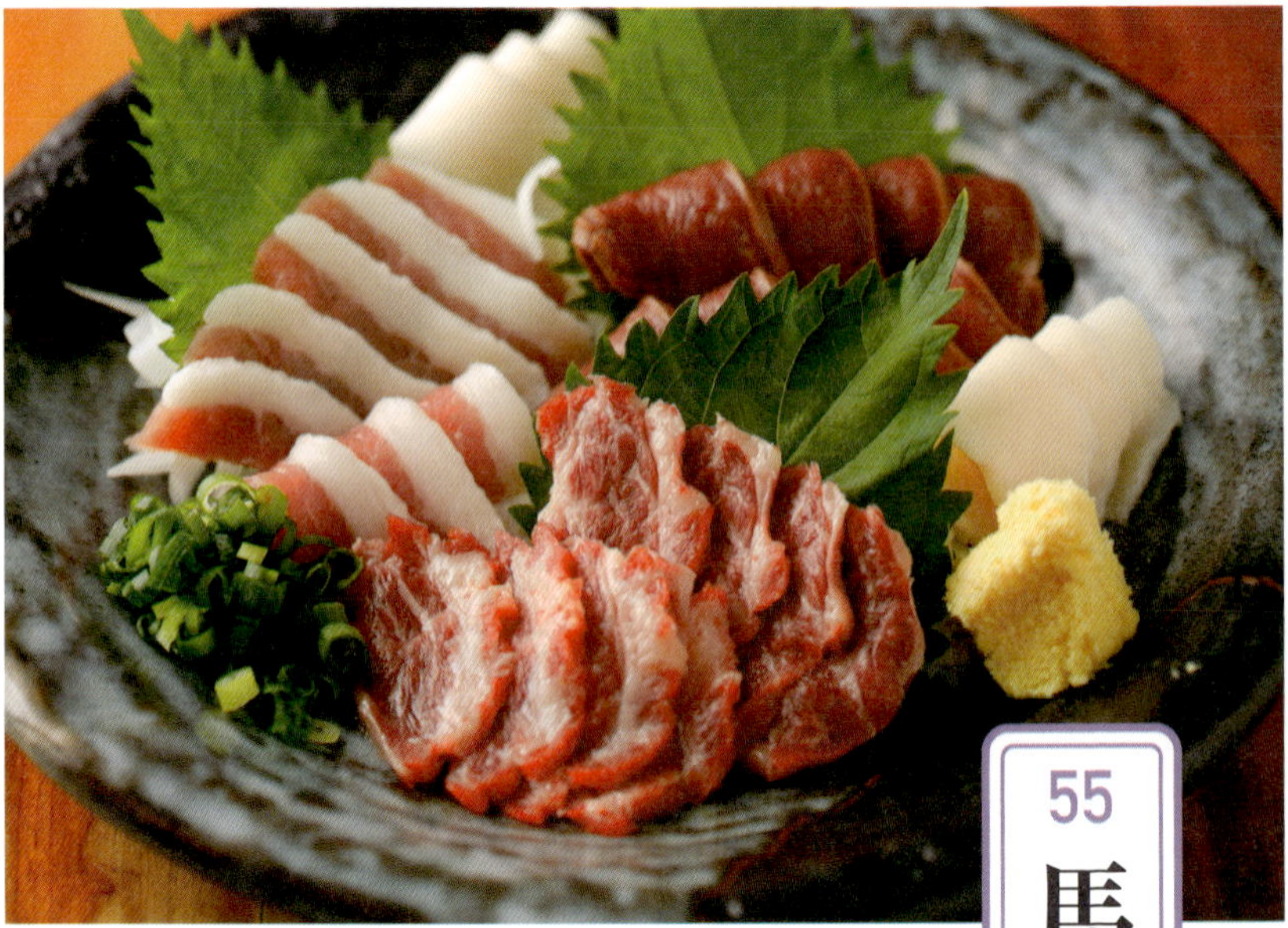

55 馬刺し

なぜ日本人は馬肉を食べるようになった?

馬刺しとは文字通り馬肉の刺身であり、熊本県を代表する郷土食として知られている。馬肉を食べる習慣は青森、福島、長野などにも見られるが、**熊本は全国の生産量の約40%を占める日本一の馬肉王国**だ。馬肉を食べる習慣があるのは古くからの馬の名産地に多いが、熊本では阿蘇地方に馬の生産と直結した馬食文化が根付いていた。

馬食の風習はすでに奈良時代にはあったとされる。古代には馬は神聖視されており、宮廷の祭礼の際に、馬肉を食べることは神に捧げる儀式の一環であった。

また、馬肉は食用だけでなく、薬としても利用されていたが、その頃の庶民が馬肉を口にすることはなかった。戦国時代になると、馬は軍馬として戦場で重要な役割を担っていたが、食料として利用されることもあった。熊本藩の初代藩主の加藤清正が、朝鮮出兵の際に将兵の食料不足を補うために軍馬を食べさせたと伝えられている。馬肉は薬効があり、栄養価が高く、その後、清正の領国の肥後（熊本県）では馬肉を食べる習慣が根付いた。

明治の文明開化以降、欧米の影響を受け、日本でも肉食文化が本格的に普及する。しかし、欧米の多くの国には馬を食用にする習慣がなく、日本人も牛肉や豚肉は食べるようにはなったが、当時はまだ馬肉はほとんど食べなかった。

戦後の食料事情の変化、食生活の多様化により、近年ようやく馬肉の特性が評価されるようになり、熊本をはじめ各地の馬刺しなどの馬肉料理が注目されるようになった。馬肉は、低脂肪・低カロリーで高タンパク、鉄分やカルシウム、コレステロールを下げるリノール酸などが豊富な健康食材として、また、脂の融点が牛肉より低いため、口の中に入れた瞬間のとろけるような旨みが女性や高齢者からも好感を得ている。

ただ、馬の飼育や繁殖には手間がかかり、熊本生まれで熊本育ちの食用馬の生産は、年間わずか200頭ほどだ。一方、馬肉の需要は高まっており、現在はカナダなど海外から仔馬を輸入し、一定期間県内で肥育して需要をまかなっている。ちなみに、純粋に熊本産で熊本育ちの場合は「**熊本馬刺し**」、海外も含む県外産で熊本育ちの場合は「**熊本産馬刺し**」と呼び名が定義されている。

56
関サバ

関サバは普通のサバとは何が違う？

○宇佐市・日出《ひじ》町―麦焼酎　○臼杵《うすき》市―カボス
○豊後高田市―豊後牛　○竹田《たけた》市―椎茸
○杵築《きつき》市―ハウスみかん　○姫島村―車エビ

今では全国に広がった「一村一品運動」は、1980年頃、大分県で始まった。このプロジェクトは、各市町村がそれぞれ特色のある産物を作り、地域の活性化を図ろうとするものだ。大分県内では各地に右のような特産品が生まれたが、その代表が佐賀関《さがのせき》（現大分市）で水揚げされる関サバだ。関サバは水産品の高級ブランドとして知られ、1尾が数千円から数万円で取り引きされる。

関サバが獲れるのは、佐賀関半島と四国の佐田岬に挟まれた速吸瀬戸《はやすいのせと》と呼ばれる海峡である。この海峡はプランクトンが豊富で、潮の流れが速く、その急流で揉まれて生育したサバは脂のノリがよく、身が引き締まっている。このことを経験的に知っている佐賀関の漁師たちは、一村一品運動が始まった頃、何とかこのサバをブランド化できないかと考えた。地元の漁業協同組合が独自のルールを定め、徹底した品質管理によって、日本で初めて水産品として商標登録され、ブランド魚「関サバ」が誕生した。

佐賀関の漁師はサバを傷つけないよう、**網を使わずに一本釣りで1匹1匹釣り上げる**。釣った魚はすぐに船のいけすに入れて生きたまま漁港まで運び、漁港に戻ると、漁協職員が**面買《つらが》いという独特の方法で魚の買い取りを行なう**。面買いとはいけすの中で泳いでいる魚を目測で大きさや重量を判断して買い取りの金額を決める方法である。はかりを使って計量すると、魚が暴れて身が傷つくことがあり、それを避けるためである。面買いされた魚は、**新魚専用のいけすで1日自由に泳がせる**。釣られたばかりの魚は興奮しているが、1日落ち着かせると乳酸やストレス物質がなくなり、うまみ成分が増えるそうだ。最後に、魚の血を抜き鮮度を保つ**活《い》けじめ**や、仮死状態にして身を硬くしないようにする**神経抜き**を1匹ずつ手作業で行ない、「関サバ」のブランド名で全国へ出荷する。

なお、佐賀関では市場への出荷は仲買人を通さず、直接、漁協が行なっている。関サバの魅力をもっともよく知る漁協のスタッフが高級料亭への売り込みやプロモーションを繰り返して評価を高め、今や水産物のトップブランドとしての地位が築かれたのである。

まだまだある各地の名産・特産の一品

干し芋

茨城県

茨城県の干し芋の生産額は、全国の約9割を占めている。干し芋の材料のサツマイモの生産量も茨城県は鹿児島県に次ぐ全国第2位だ。県東部の那珂《なか》地方で、明治後期に生産が始まったが、干し芋は煮炊きの必要がないのでどこでも食べられ、高カロリーの保存食として、東京を中心に一気に需要が高まった。ただ、近年は安価な中国産干し芋が出回っている。

朴葉《ほおば》味噌《みそ》

岐阜県

朴葉味噌は、麹《こうじ》味噌にネギやしょうがなどの薬味と椎茸や山菜などを混ぜ、朴葉の上で焼いたものだ。飛騨の厳しい冬の間、凍った漬物を朴葉にのせて囲炉裏《いろり》の火で温めて食べたことが始まりとされている。朴の葉は、大きく丈夫で燃えにくく、お皿のように使って火を通すことができる。

じゃこ天

愛媛県

魚などのすり身を油で揚げたものを関東では「薩摩揚げ」と呼ぶが、関西では「天ぷら」という。じゃこ天はじゃこの天ぷらのことで、**じゃこといろいろな小魚の総称である雑魚《ざこ》が転じた言葉**である。県南部の南予地方の家庭では様々な料理にじゃこ天がよく使われる。江戸時代初め、初代宇和島藩主の伊達秀宗が故郷の仙台から蒲鉾職人を呼び寄せて作らせたのが始まりという説がある

辛子明太子《からしめんたいこ》

福岡県

明太子は韓国が発祥とされ、明治以降に釜山《プサン》と交易のあった下関や福岡に伝わった。原料の**スケトウダラ**を韓国語では「明太(ミョンテ)」と呼び、その子(卵)であることから「明太子」と呼ばれた。終戦後、韓国からのある引き揚げ者が、独自の加工方法を開発して日本人好みの味の明太子を製品化し、博多中洲で販売を初めた。今では福岡を代表する特産品であり、土産品としても人気がある。

とり天

大分県

大分市民の1世帯あたりの年間鶏肉消費量は全国第1位の9・2kg、大分の人はとにかく鶏肉が大好きだ。唐揚げを始め、鶏飯や鶏汁など大分には様々な鶏料理があり、その中でも大分名物として外せないのがとり天だ。昭和初期、骨付きの唐揚げは食べづらいので、ある老舗のシェフが骨のない鶏もも肉を一口大に切り、天ぷら風にアレンジしたのがとり天の始まりとされる。柔らかな衣のサクサクした食感が好まれ、今では県内全域で日常的に食べられ、観光客にも人気の一品だ。

黒豚

鹿児島県

鹿児島の黒豚は、江戸時代初めに琉球から移入された豚がルーツとされ、明治以降、イギリス産のバークシャー種と交配させるなど改良を重ねて、今ではトップブランド豚として全国に知られるようになった。飼料には鹿児島特産のサツマイモを与えるが、脂肪の質がよくなり、アミノ酸を多く含むサッパリした味に仕上がるという。

■参考文献

農文協編『聞き書 ふるさとの家庭料理』シリーズ　農山漁村文化協会
日比野光敏『すしの事典』東京堂出版
日比野光敏『日本すし紀行――巻きずしと稲荷と助六と』旭屋出版
大竹敏之『間違いだらけの名古屋めし』ベストセラーズ
そばうどん編集部『そばうどん知恵袋111題』柴田書店
福原耕『蕎麦の旅人――なぜ日本人は「そば」が好きなのか』文芸社
滋賀の食事文化研究会『ふなずしの謎（淡海文庫5）』サンライズ出版
成瀬宇平『47都道府県・こなもの食文化百科』丸善出版
熊谷真菜『「粉もん」庶民の文化』朝日新書
近代食文化研究会『お好み焼きの物語』新紀元社
俵慎一『B級ご当地グルメでまちおこし――成功と失敗の法則』学芸出版社
田村秀『B級グルメが地方を救う』集英社新書

■参考Webサイト

農林水産省「うちの郷土料理」　https://www.maff.go.jp/j/keikaku/syokubunka/k_ryouri/
農林水産省「見てみよう！日本各地の郷土料理」　https://www.maff.go.jp/j/syokuiku/kodomo_navi/cuisine/
郷土料理ものがたり　https://kyoudo-ryouri.com/food/genre/kyodo
郷土料理百選　https://www.location-research.co.jp/kyoudoryouri100/
にっぽんの郷土料理観光事典　https://kyoudo.kankoujp.com/
文化庁「100年フード」　https://foodculture2021.go.jp/hyakunenfood/

食育大事典	https://shokuiku-daijiten.com/
はらへり	https://haraheri.net/
まっぷる	https://www.mapple.net/
ご当地 Japan	https://gotochijapan.com/
地域百貨	https://chiikihyaku.jp/
クックドア	https://www.cookdoor.jp/
テンポススター	https://www.tenposstar.com/jpn/
なごやめし	https://nagoya-meshi.jp/
新横浜ラーメン博物館	https://www.raumen.co.jp/
東洋経済オンライン	https://toyokeizai.net/
日本経済新聞	https://www.nikkei.com/
朝日新聞 DIGITAL	https://www.asahi.com/
中日新聞	https://www.chunichi.co.jp/
マイナビニュース	https://news.mynavi.jp/
じゃらんニュース	https://www.jalan.net/news/
楽天トラベル	https://travel.rakuten.co.jp/
教えて！食べ物ランキング	https://www.japan-rank.com/
みんなのランキング	https://ranking.net/
goo ランキング	https://ranking.goo.ne.jp
ウィキペディア	https://ja.wikipedia.org/wiki/

ほか、関連する企業・団体・自治体のホームページを参考にしました。

■写真

PIXTA
Shutterstock
Photo AC
農林水産省「うちの郷土料理」

著者紹介

宇田川 勝司（うだがわ・かつし）

▶1950 年大阪府岸和田市生まれ、現在は愛知県犬山市に在住。
関西大学文学部史学科（地理学）卒業。

中学・高校教師を経て、退職後は地理教育コンサルタントとして、東海地区のシニア大学やライフカレッジなどの講師、テレビ番組の監修、執筆活動などを行っている。

おもな著作は『クイズで楽しもう ビックリ！意外 日本地理』（草思社）、『数字が語る現代日本の「ウラ」「オモテ」』『中学生のための特別授業 宇田川勝司先生の地理』（学研教育出版）、『なるほど日本地理』『なるほど世界地理』『日本で 1 日に起きていることを調べてみた』『謎解き日本列島』『深掘り！日本の地名 知って驚く由来と歴史』『謎解き世界地理トピック 100』（以上、ベレ出版）、『中学校地理ワーク & パズル 85』（明治図書出版）、『地理の素』（ネクストパブリッシング『GIS NEXT』に連載）など。

◉── 装丁　神谷利男デザイン株式会社
◉── 本文デザイン・DTP　神谷利男デザイン株式会社

旅《たび》と歴史《れきし》好《ず》きのための ご当地《とうち》グルメ誕生《たんじょう》の秘密《ひみつ》

2025 年 4月 25 日　初版発行
2025 年 6月 20 日　第2刷発行

著者	宇田川《うだがわ》 勝司《かつし》
発行者	内田 真介
発行・発売	ベレ出版 〒162-0832　東京都新宿区岩戸町12 レベッカビル TEL.03-5225-4790 FAX.03-5225-4795 ホームページ　https://www.beret.co.jp/
印刷・製本	三松堂株式会社

ISBN 978-4-86064-791-9 C0025　編集担当　森 岳人

宇田川勝司の著作

『なるほど日本地理』
本体価格 1500 円

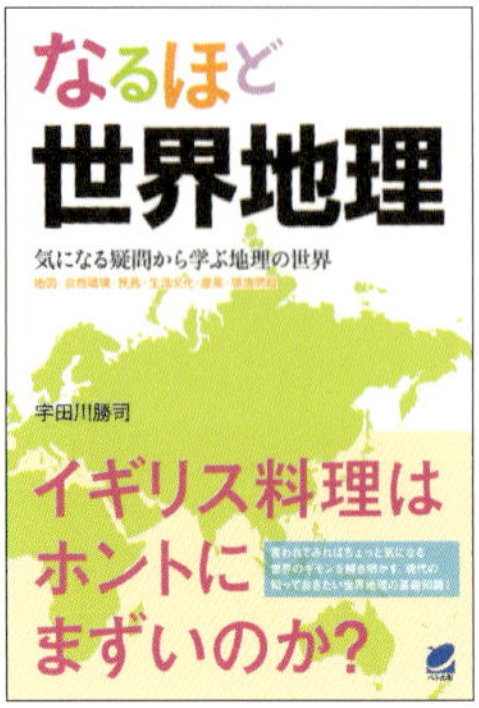

『なるほど世界地理』
本体価格 1500 円

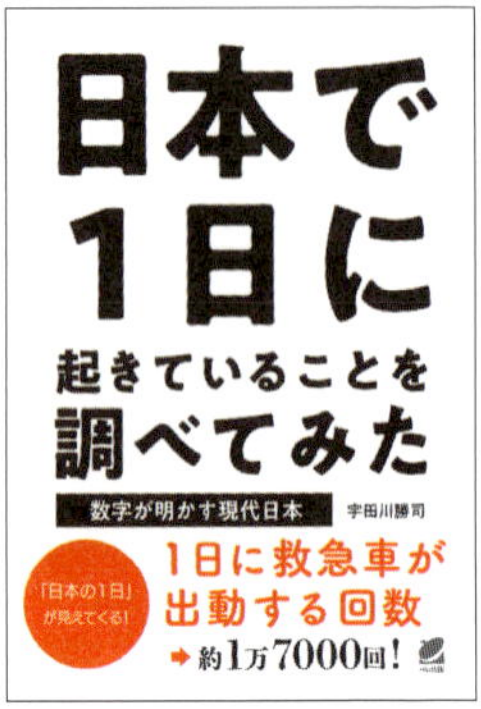

『日本で 1 日に起きていることを調べてみた』
本体価格 1400 円

『深掘り！日本の地名
知って驚く由来と歴史』
本体価格 1500 円

『謎解き日本列島』
本体価格 1500 円

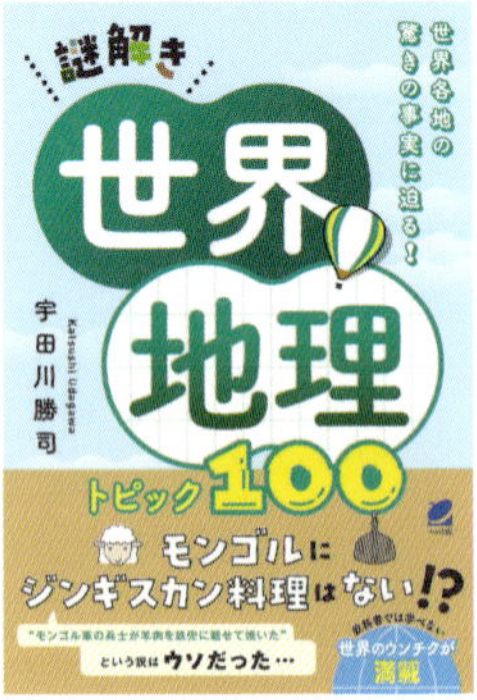

『謎解き謎解き世界地理
トピック 100』
本体価格 1500 円